A SANGRE FRÍA

JUAN MADRID

VIEJOS AMORES

AMORES
VIEJOS
JUAN MADRID

EDICIONES B
GRUPO ZETA

NARRATIVA

1.ª edición: abril 1993

La presente edición es propiedad de Ediciones B, S.A.
Calle Rocafort, 104 - 08015 Barcelona (España)

Printed in Spain
ISBN: 84-406-3598-2
Depósito legal: NA. 417-1993

Impreso por GraphyCems
Ctra. Estella-Lodosa, km 6
31264 Morentin (Navarra)

Diseño cubierta:
Estudio EDICIONES B

Foto cubierta cedida gentilmente
por EL PERIÓDICO DE CATALUNYA

A SANGRE FRÍA

JUAN MADRID

VIEJOS AMORES

AMORES
VIEJOS
JUAN MADRID

***Juan Madrid** nació en Málaga en 1947, pero pronto se trasladó con su familia a Madrid, donde actualmente reside. Licenciado en Historia Contemporánea por la Universidad de Salamanca, ha ejercido como profesor y periodista, actividades que ha ido compaginando con el oficio de narrador. Entre sus novelas más importantes se cuentan:*

Un beso de amigo *(1980),* Las apariencias no engañan *(1982),* Nada que hacer *(1984),* Regalo de la casa *(1986),* Jungla *(1988) y* Días contados *(1993).*

La mayoría de sus obras han sido traducidas al francés, inglés y alemán.

Para Silvia, que tuvo fe
y me prestó el título

(A veces Inesperadamente)
SE ROMPE UN HILO

NO SOY NI SOMBRA DE LO QUE ERA

El amor es flor resistente,
que crece en libertad,
florece en el desierto,
y a menudo se desarrolla
en condiciones adversas...
Pues sus semillas pueden arraigar
hasta en la aridez de la Prisión...
A veces sembrada por involuntarios
cupidos... como...

EL GORRIÓN CAÍDO

AUTOR

JOSÉ FERNANDO RUIZ MUÑOZ

Prisión de Carabanchel — 9 de septiembre de 1989

Una vez preso,
¿qué se puede hacer?
¿Dejarse llevar por el pánico?
¡No! Así sólo consigues
enredarte más.

José Fernando Ruiz Muñoz

1

Esta historia que voy a contar a continuación está basada en la vida real, vivida todo en mi propio ser, sin añadir cosas fantásticas ni ilusiones, por lo cual a mis treinta y dos años de edad me siento casi obligado a contar los pormenores de mi vida.

Quiero dar a entender que no soy un asesino ni nada parecido, voy a contar lo equivocada que está la Sociedad y al mismo tiempo la Justicia, llevándonos a una vida sin sentido ni comprensión ni entendimiento por nadie.

Estamos en una Sociedad de ignorancia, falsedad, envidias, críticas, venganzas, odios, rencores, amenazas de muerte, etc.

No saben qué significa la palabra Libertad y destrucción al mismo tiempo. Sólo se dan cuenta cuando se la quitan y luego se lamentan después de haber criticado y hundido a los demás, que podía haber sido su amigo más íntimo conocido, etc. sólo sabemos criticar al vecino por sus fallos por muy pequeños que sean sin mirar los nuestros. Nos interesamos más por la vida del vecino que por la nuestra, sin saber comprender el fallo de cada uno.

Lo único que saben es: muerte al asesino, a la cárcel con el que roba. Tomándose venganzas al instante sin pararse a pensar por qué esto o aquello.

No se dan cuenta que muchos de los que critican a los

demás pasan por ese mismo camino y luego piden perdón por ser un ignorante de que todo ser humano cometemos nuestro primer fallo. Antes de destruir a una persona, un compañero nuestro, un hermano, o un amigo, lo que hay que hacer es ayudarle moralmente. Psicológicamente para que no vuelva a repetir lo mismo o algo similar. Dándonos una oportunidad en nuestra vida para no ser destruidos y hundidos para la marginación. Porque una vez destruidos es tarde para llegar a comprender cómo cayó esa persona por segunda, tercera vez, etc.

¿Qué libertad pide la Sociedad sin saber lo que es?

¿Por qué el hecho de presumir unos más que otros, de querer ser unos más que otros? Si al fin y al cabo somos todos iguales cualesquiera la raza que sea, todos somos seres humanos y todos vamos a parar al mismo sitio que es la muerte.

Por eso cuando nos damos cuenta de lo que son las cosas ya es demasiado tarde para comprender. Me pregunto: ¿Qué es lo que se adelanta el criticarnos y hundirnos unos a otros? En vez de ayudarnos, llegar a comprender los fallos que se nos cruzan en nuestras mentes por duros que sean.

Ayudemos a la persona para que no vuelva a pecar en lo mismo, y no cerrarlo en su propia carne, en su propia persona, en su Mundo entre rejas como un animal criticándole y amenazándole. Ayudémosle para que esa persona no llegue a su autodestrucción, para que no llegue a convertirse en algo que no quiso ser ni hacer y no retirarlo de la vida para la marginación y el desprecio total.

Por eso mismo narro mi vida, grabado todo en mi propia persona, como experiencia que he pasado con sólo treinta y dos años de edad.

Yo era un chico tranquilo, tímido, de pocas palabras, trabajador, honrado, me gustaba la soledad, compartir con los demás las cosas, muy hogareño, sentimental y romántico.

Mi vida era del trabajo a casa y viceversa, no me preocupaba de otra cosa, nada más que del trabajo. La verdad no se me pasaba otra cosa por la imaginación. Fui una persona con muchos sentimientos, por nada lloraba, admirador de las cosas de la vida y sin tenerme más o mejor que otro, nunca le di importancia a esas cosas. Nunca me gustó que me dieran las cosas hechas, sino ganarlas con mi propio sudor y ganarme la vida honradamente como todo ser humano sin perjudicar a nadie.

Doy paso a mi versión, para que unos lleguen a comprenderlo y otros no porque no quieren acatar la realidad de la vida y todos sus problemas.

Me llamo José Fernando Ruiz Muñoz, de treinta y dos años de edad, en la actualidad Separado, con un hijo de doce años de edad, de profesión Albañil y Fontanero, natural de la ciudad de Santander. Cantabria. Nací el día tres de diciembre de 1957.

2

Cuando la vimos en la cama con los brazos cruzados sobre el pecho, creímos que había muerto en paz. Nunca había estado enferma y cuatro días antes había blanqueado su casa, estaba muy ágil. Pesaría menos de cincuenta kilos y era todo nervio, pero como tenía muchos años... Fui yo la que notó que faltaba el televisor portátil, aunque todo estaba en orden, y los dos relojes, el de ella y el de mi padre, que llevaba siempre en ambas muñecas. Además le faltaban las dos alianzas, una cadenita con crucifijo y los pendientes... También una sortija de mi padre y el dinero de las dos pensiones, pero todo estaba en orden y arregladito...»

—Yo no he robado nada. Me debía dinero de la grifería que le había puesto en la cocina. Hasta los grifos los puse yo de mi dinero. Yo no sé nada de esos pendientes, ni relojes, ni nada. Me dio el televisor y yo se lo cogí para hacerle un favor.

—Doña Ana Beltrán Cuevas fue encontrada el seis de mayo por su hija, alertada por una vecina, en ropa de calle, descalza y boca arriba. Estaba sobre la cama con erosiones y arañazos en rodillas, frente y rostro.

—Yo no le hice nada, señor juez.

—La autopsia realizada a instancia de este Juzgado

de Instrucción ha demostrado que doña Ana Beltrán fue violada anal y vaginalmente y luego estrangulada, lo que le produjo la muerte por edema pulmonar y asfixia.

—No le hice nada, se lo juro, señor juez. No soy una bestia del campo. Yo tengo cultura, más cultura de lo que parece. Aunque haya ido muy poco a la escuela.

—Este juzgado no piensa nada sobre usted. ¿Lo ha entendido? Tiene abierta una causa criminal por la que se le acusa de haber violado y dado muerte a dieciséis ancianas, quince de ellas domiciliadas en su mismo barrio, excepto doña Ana Beltrán Cuevas, viuda, de ochenta y dos años, vecina del inmueble número 3 de la calle Ercilla de esta localidad, el seis de mayo del año en curso.

—No, no, no.

—Se aprovechó de su profesión de fontanero y albañil, entró en su casa y la violó y asesinó, provocándole la asfixia por estrangulamiento y la rotura de tráquea, músculos del cuello, laringe y vértebras cervicales. A continuación sustrajo usted lo anteriormente mencionado por el señor secretario, más un juguete de peluche y unas cuantas fotografías antiguas.

—Esa señora me debía una chapuza que le hice. Iba a por lo mío, a por lo que me correspondía.

—Bien, fue usted a cobrar una cantidad que le debía la mencionada señora. ¿Quiere usted narrar cómo la violó y la mató, señor Ruiz?

—¿Otra vez? ¿Cuántas veces tengo que decirle que yo no violo vejestorios? A mí no me hace falta, he tenido mujeres muy guapas y jóvenes. No necesito viejas.

—Aquí no le estamos juzgando, de modo que le ruego que conteste exclusivamente a la pregunta.

—Me quiere liar. Yo no he violado a nadie. Y menos matado. Yo tengo mis principios. Aunque no vaya a misa, creo en Dios.

—Ahora quisiera preguntarle otra cosa. ¿Por qué razón no ha querido usted darse por enterado de los escritos que este Juzgado de Instrucción le ha estado enviando las últimas semanas?

—¿Tengo que contestar a eso?

—Nos facilitaría mucho las cosas.

—Todos los abogados eran una mierda.

—En primer lugar le ruego que emplee otro vocabulario y, en segundo, le comunico que la asistencia letrada a un acusado es un derecho constitucional amparado por la ley. Si sigue usted despreciando a los abogados del Turno de Oficio, le comunico que el Ilustrísimo Señor Decano del Colegio Oficial de Abogados asumirá su defensa, quiera usted o no. Evidentemente, si persiste en su actitud.

—Estoy intentando comunicar con mi verdadero padre. Y cuando esto ocurra, mi padre me buscará un abogado. El mejor de todos. Mi padre es una persona rica, ¿sabe?

—Este Juzgado de Instrucción piensa que ese posible padre que usted afirma tener, no existe. Es un desvarío más de su mente enferma. Su padre, Don Celestino Ruiz Aguado y su madre, Doña Teófila Muñoz Muñoz viven en Santander, calle del Castillo sin número.

—Mi madre trabajó de asistenta en una casa rica en Almansa, un año antes de que yo naciera. Lo descubrí hará unos doce años. Pero no quiero hablar más de este asunto.

—Este Juzgado de Instrucción se ha personado en esta prisión con el solo objetivo de interrogarle y no para discutir paternidades. Como ha despreciado reiteradamente la asistencia letrada de oficio, se encuentra usted sin abogado defensor. Una situación bastante anómala y que no redunda en su beneficio, si me permite decírselo.

—Mi padre contratará al mejor abogado.

—Veo que persiste usted en su actitud. Sin embargo, este Juzgado no se lo tomará en cuenta. Queremos llevar hasta sus últimas consecuencias el principio de la presunción de inocencia. Hasta que no se demuestre lo contrario en un juicio, señor Ruiz, usted es inocente y lo trataremos como tal. Estoy dispuesto a concederle un tiempo razonable para que encuentre a un abogado defensor. Digamos que veinte días a partir de la fecha de hoy. ¿Lo ha entendido, señor Ruiz?

—Muchas gracias, señor juez.

—Bien, si en el plazo de veinte días no tiene usted su propio defensor, tendrá que conformarse con un letrado del Turno de Oficio. Ahora quisiera hacerle otra pregunta. Cuando fue usted detenido por la policía, declaró en comisaría... Lea, por favor, señor secretario.

—Con la venia... «Cuando veía a esa vieja (se refiere a doña Ana Beltrán) salida como una perra, pensaba en mi madre y en mi suegra y me dio mucha vergüenza. Le tuve que tapar la boca para que dejara de hablar.»

—Gracias, señor secretario. Contésteme, señor Ruiz. ¿Ese sentimiento de vergüenza al que usted alude, lo sentía siempre que hablaba con una anciana?

—Eso que dije en comisaría no es verdad. La policía me coaccionó. Lo tuve que decir para que me dejaran en paz. Mi madre nunca me dio el calor y el cariño de una madre, señor juez.

—Su madre es ahora una anciana, señor Ruiz. No la mezclemos en esto.

—Mi abuela fue mi verdadera madre. Mi madre me dejó con mi abuela y con mi abuelo. Les tenía que llamar madre y padre.

—Dejemos esos extremos. Le repetiré la pregunta: ¿Ese sentimiento de vergüenza y odio al que antes aludía, lo sentía siempre contra una anciana?

—Cuando era una desvergonzada, sí.

—Señor secretario, tenga la bondad de leer el otro párrafo señalado.

—Con la venia... « Yo no ando con mujeres putas, o sea, prostitutas, eso son infundios de mi suegra, la veneno de mi suegra que me marcó desde el principio y se le metió entre ceja y ceja acabar con mi matrimonio. Si dice que yo pegaba a mi mujer es mentira. Una o dos veces le levanté la mano, pero porque se lo buscaba. Yo no pego a las mujeres. Ella no quería comercio carnal conmigo, siendo legítima mujer mía y...»

—Es suficiente, señor secretario. En 1978 usted cumplió una condena por... ¿Por qué se levanta, señor Ruiz? Aún no hemos terminado.

—Dijo usted antes que mi presencia aquí era libre. ¿No es verdad?

—Efectivamente, es libre. No tiene usted obligación de contestar ni de estar presente en esta comunicación.

—Estoy enfermo, señor juez. Me encuentro muy mal, la cabeza me da vueltas y no sé lo que me digo.

—Me está usted insultando deliberadamente.

—¿Usted cree? Pero es que no puedo más, me mareo y la cabeza se me nubla. ¿Puedo marcharme, señor juez?

—Muy bien, como quiera. Pero quedará consignada su negativa a comunicar con el Juzgado de Instrucción y su actitud... ¡Ah, y otra cosa!

—¿Sí? ¿Decía algo, señor juez?

—Demostraremos que es usted un ser maligno y sanguinario, señor Ruiz. Un peligro para la sociedad. No le daré ni un minuto más de los veinte días que le he asignado para que se busque letrado. Y no encontrará en este juzgado la más mínima piedad para sus crímenes horrorosos. Cumplirá la ley a rajatabla. ¿Lo ha comprendido?

—Yo no mato a viejas. Yo creo en Dios, señor juez.

—Puede retirarse.

3

Julio no pudo distinguir ningún sonido. La prisión vibraba como una caja de resonancia. Parecía que cualquier ruido, por pequeño que fuese, jamás se escapaba fuera. Todo se volcaba hacia dentro, creando un rumor sordo y constante.

En un pasillo de la enfermería un hombre estaba sentado en una silla con las manos apoyadas en las rodillas y una expresión desolada en los ojos. Era alto, de tez lisa, con el cabello muy largo y peinado en bucles.

Tenía la cintura estrecha y unos grandes ojos almendrados de largas pestañas.

—¿Qué tal, Baldomera? —le preguntó el funcionario—. ¿Qué tal te encuentras, chata?

—No me llames Baldomera —contestó el hombre, dirigiendo una mirada lánguida hacia Julio—. Hay un señor delante.

—Te veo un poquito mustia, ¿no? ¿Qué te ha pasado, hija? ¿Has tenido la menstruación?

—Eso a usted no le interesa.

—Sí que me interesa, guapa. Éste es mi turno. Y no vas a darle el coñazo a don Calixto otra vez con ese rollo de la menstruación.

—Usted de eso no entiende.

El funcionario soltó una risita cascada, arrugando la frente y los ojillos estrechos.

Baldomero echó a andar por el pasillo. Julio y el funcionario observaron cómo contoneaba las caderas.

—Ahí lo tiene —dijo el funcionario con un gesto de la cabeza, mientras continuaba pasillo adelante—. Dando la lata con el coñazo de que tiene la menstruación. Y ése no es el peor. Si todos fueran como él... en realidad es un pedazo de pan y ayuda en lo que puede, el pobre. Aquí tenemos un ganado que si la gente de la calle lo supiese... Aquí estamos vendidos, el día menos pensado un cabrito de esos nos raja y adiós muy buenas, si te he visto no me acuerdo.

Baldomero se perdió pasillo abajo y ellos llegaron ante una puerta en la que había un cartel clavado. Ponía: «Curas.»

El funcionario se detuvo y señaló la puerta.

—Y ahí está el señorito, el famoso que sale en los papeles y que se hace el loco. ¿Usted cree que está loco? Pues yo no. Si ése está loco, usted y yo somos Napoleón. Ése se hace el loco desde que sale en los periódicos, se lo digo yo que llevo más de quince años bregando con esta gentuza.

—¿Se hace el loco, Lucas?

—Lo que yo le diga. El secretario del juzgado me ha dicho que no se cree que ese tío no tenga asistencia letrada. Piensa que es un plan para que lo declaren loco.

—¿Y qué ventajas consigue si lo declaran loco?

—¿Ventajas? Todas... Una cárcel psiquiátrica hasta que los médicos digan que ya está curado y apto para vivir en sociedad. A los diez años, como mucho, pero como mucho, en la puta calle. ¿No ve las ventajas de hacerse el loco con el juez de Instrucción?

—¿Lo han sacado a patios? —preguntó Julio.

—No, los reclusos lo han condenado a muerte —el

funcionario soltó otra vez su risita metálica—. Lo matarán por haber violado a esas viejas, es la ley de la cárcel. Tarde o temprano lo matarán. Si no es con un pincho, será de un mordisco en la garganta, y esta gente cumple su palabra. En eso son más listos que todos los jueces. ¿Ha matado a viejas? Pues que pague. Que se lo carguen y santas pascuas.

—¿Y no ha informado al juzgado?

—Pues claro, pero a nosotros nadie nos hace caso. Ni los jueces, ni la sociedad, ni nadie... A nosotros no nos hacen reportajes, ni escriben libros sobre nosotros. Para que alguien se fije en uno hay que matar, ¿a que sí?

—Quizá tengas razón, Lucas —añadió Julio.

—Fernando es el peor —le guiñó un ojo a Julio—. Ojalá se lo carguen y nos ahorren el trabajo de tenerlo aquí. No hace más que joder.

El funcionario abrió la puerta y aguardó a que Julio entrase. Le dijo:

—Una hora, ¿no?

—Sí, gracias.

La habitación era pequeña. Estaba ocupada por una cama de metal atornillada al suelo, una mesa blanca de formica también unida al suelo y dos sillas. Todo tenía ese aspecto ordenado, aséptico y frío de la morgue.

Julio entró, y el funcionario echó los dobles cerrojos de seguridad.

La maleta de cartón se encontraba apoyada en la pared al lado de la cama. Las dos sillas que le había pedido al director, junto a la mesa.

Fernando hacía flexiones en calzoncillos. Sus largos brazos parecían las extremidades de alguna mostruosa araña. Apoyaba los dedos en el suelo e inclinaba la cabeza al doblarse.

—... sesenta y ocho... sesenta y nueve...

Sobre la mesa había un viejo libro escolar, la Enciclopedia de Grado Elemental, un cuaderno barato y un lápiz con goma incorporada. En la portada de la Enciclopedia, un niño y una niña corrían de la mano hacia un horizonte donde salía el sol. La niña llevaba una carpeta azul y el niño un libro.

Julio dejó el magnetofón sobre la mesa y abrió la cartera.

Sacó el paquete de tabaco y la lata vacía, que había sido de atún en aceite y que le servía de cenicero. Se sentó en la silla y jugueteó con el cigarrillo.

—... setenta... setenta y uno...

Fernando se puso en pie. El sudor le chorreaba por el cuerpo. Hubiera podido decirse que no era mal parecido, a no ser por la longitud excesiva de los brazos.

En el suelo había una palangana con agua que Julio no había visto al entrar. Fernando sumergió una toalla pequeña en el agua y comenzó a frotarse el cuerpo con parsimonia.

—He conseguido realizar los dieciocho movimientos básicos. —Julio trató de prestar atención—. Comienzo con diez minutos de carrera, moviendo las piernas a unos doce o trece kilómetros por hora... Eso hacen tres o cuatro kilómetros, que no es mucho, pero sí suficiente. Luego comienzo las torsiones y rotaciones del tronco, abdominales, giros de brazos y piernas para flexibilizar las articulaciones. Termino con seis ejercicios musculares: pectorales, hombros, tríceps... —suspiró, mientras continuaba aplicándose el paño mojado al cuerpo—. Con los bíceps tengo un poco más de problema. Los bíceps fueron diseñados por la naturaleza para trepar a las ramas más altas, para sostenerse en ellas y balancearse de un lado a otro... lo mismo que los dorsales y todos los músculos lumbares. ¿Sabías eso?

—No.

—Pues deberías leer ese libro. —Señaló la mesa—. La parte de «Higienismo y gimnasia».

—Pues no, no lo he leído.

—Me lo sé de memoria. Y me sirve cantidad.

—¿Esperas la visita de alguien? He visto a un tío sentado en el pasillo y no sé por qué he pensado que lo conocía. Su cara me era familiar.

Fernando se quedó inmóvil y fijó la vista en la ventana que se alzaba a unos dos metros del suelo. Los barrotes la cruzaban de arriba abajo y de izquierda a derecha. Julio siguió la mirada de Fernando y se preguntó que a dónde daría aquella ventana. ¿A algún patio? ¿A otra galería? Durante esos instantes de silencio, el sordo y constante rumor de la prisión entró en la habitación. Julio creyó distinguir el ruido sincopado de unas ruedas metálicas en el suelo.

—Nadie me viene a visitar. Sólo tú. No tengo amigos. Mañana intentaré agarrarme a los barrotes sin que me vean los boquerones y haré abdominales y elevaciones de piernas. —Se palpó el bajo vientre, liso como una tabla de planchar—. Estos cabrones no me dejan ir a patios, dicen que puede haber disturbios... Bueno, en realidad dicen que lo hacen por mi bien, porque hay quien me quiere matar. Es para joderse.

Terminó de humedecerse el cuerpo y cogió otra toalla. Empezó por los pies y fue subiendo por las piernas. Lo hacía despacio, muy despacio, recreándose, con mucho cuidado.

Cuando terminó abrió la maleta y se puso unos pantalones y una camisa limpia, después, calcetines y zapatos de vestir negros. Julio vio un montón de hojas de papel.

—¿Estás escribiendo algo?

—Copio la Enciclopedia y escribo algo para mí. ¿Sabes lo que le he dicho al arajai?

—¿Qué le has dicho?

—Le he dicho que quiero confesarme, pero que me dé un poco más de tiempo. Me ha contestado que me dará todo el que quiera.

Desde donde estaba sentado, Julio vio la ropa en la maleta perfectamente colocada y clasificada, quizá siguiendo normas estrictas.

Pensó en el grueso armario de madera de su casa, en el batiburrillo de ropa de su interior y en el azar que dominaba el simple acto de elegir y ponerse la ropa que llevaría ese día.

Fernando cerró la maleta con cuidado, dobló las dos toallas y las colocó sobre ella, una al lado de la otra. Luego caminó hasta la mesa y se sentó en la otra silla.

Julio encendió el cigarrillo y aspiró el humo con fruición. Fernando arrugó la nariz.

—¿Ya estás fumando, coño?

Julio se encogió de hombros.

—Es el primero, tranqui. No te voy a intoxicar. —Señaló el magnetofón—. ¿Estas preparado? He repasado las cintas anteriores y están quedando muy bien.

—¿Las has escuchado todas?

—Sí y me han gustado bastante. Todo eso del unicornio y el olor a pelo chamuscado. En fin, que está bastante bien. ¿Qué me vas a contar hoy?

—Tienes que corregirlo un poco, las repeticiones y cosas así, pero nada más. No quiero que nadie vaya diciendo por ahí que soy un analfabeto. Yo he ido muy poco a la escuela, pero sé mucho más que otros que se han tirado la vida en un pupitre.

—No te preocupes, las corrijo cuando las paso al papel, pero no cambio nada.

—¡Eh, no me jodas! ¡Lo que yo te cuento está de puta madre! ¡A ver si tú luego lo jodes todo!

—No, hombre, está quedando estupendo. Me gusta mucho, en serio.

—Bueno, vale. Pero lo tienes que meter en el libro como yo te lo cuento.

Julio accionó el magnetofón.

—Eso espero —contestó Julio—. ¿Quieres que te traiga alguna novela, revistas...?

—No hace falta. Con la Enciclopedia me vale. La estoy volviendo a estudiar para que el cabrón ese de juez instructor no me tome el pelo. Pero ahora me tengo que camelar a los peritos psiquiatras y ésos son más difíciles.

Julio soltó una carcajada.

—¿Quieres pasar por cuerdo o por loco? ¿En qué quedamos?

—El otro día el psicólogo de aquí fue diciendo que estoy más loco que una cabra, pero que soy un tío listo y sensible, te lo juro. Se lo soltó al jefe de Servicio. Bueno, la verdad es que aquí no hay más que gentuza, locos y desgraciados, maricones.

—¿Qué le contaste al psicólogo?

—El asco que me dan las viejas... Bueno, las viejas y las putas.

—Bueno, me alegro que todo siga como siempre.

—Ayer trajeron a la enfermería al Lejía, uno que le llaman Lejía porque estuvo en la Legión en Sidi Ifni, bueno, eso dice él. Baldomero me ha contado que por las noches se mete la cuchara por el culo, lo que no sepa el Baldomero, el jodío... Parece ser que el Lejía se chinó las venas con unos flejes que había arrancado de la cama y luego se tragó lo que quedaba de los tornillos y los muelles. Me dijo el Baldomero que dejó el chabolo perdido de sangre; había sangre en las paredes y en el suelo y no se podía entrar del pestazo a sangre que había. Bueno, me lo traen a la enfermería y llaman al jefe de Servicio que se caga por las patas abajo, ¿no? y manda llamar a don Calixto. Tú figúrate la mala leche de don Calixto que a lo mejor estaba quilando con su mujer y lo llaman de la cárcel. Es para joderse. Cuando llegó don Calixto el Lejía estaba cantando eso de «Yo soy el novio de la muerteee...» y yo, pues ayudando, ¿no?, como ayudante de enfermero que soy, bueno, pues nada más verlo don Calixto se dio cuenta de los bultos que tenía en el estómago. Es que se le notaban a simple vista y lo mandó al hospital a urgencia. Yo, antes, cuando estábamos solos, le decía al Lejía: Lejía tú te quieres abrir al hospital a tomar un poquito de aire, ¿verdad? Y el Baldomero se meaba de risa... Bueno, lo que le pasó al Lejía me hizo pensar en la mili, ¿sabes, Julio? Yo también fui Lejía.

—¿Sí? No lo sabía.

—Tú no sabes nada de mí.

—Por eso estoy aquí.

—No vayas tan deprisa. Tienes que hacer algo por mí, ¿no? Tú vas a escribir un libro sobre mi vida y te vas a llevar una pasta, ¿no es así?

—Poco más o menos. ¿A dónde quieres ir a parar?

—Que tienes que hacer algo por mí. Si no, no hay libro. Vendo todas estas historias a una revista y santas pascuas. Todo el mundo está escribiendo sobre mí y puedo pedir lo que quiera. ¿Captas?

—Me doy cuenta. ¿Y qué es lo que quieres?

—Muy fácil. Que busques a mi padre. A mi padre verdadero.

Julio se echó hacia atrás en la silla y observó a Fernando con atención

—Espera un momento...

—Espera tú. Y no te vayas a cachondear, por favor, ¿vale?

—No me voy a cachondear.

—Lo único que sé de mi padre verdadero es que se llama Fernando, como yo, Fernando Seoane. Y Gálvez de segundo apellido. Tienes que encontrarlo y decirle que me busque un abogado de pago y que me saque de aquí.

4

Mi abuela y aquella mujer parecían iguales. No las diferenciaba. Las recuerdo de espaldas, cuando se mostraban desnudas en la caseta del tiro al blanco. Entonces no había manera de distinguirlas. Las dos tenían el culo grande y redondo, muy estrecho por arriba y ancho por abajo, como dos grandes peras.

Yo debía tener cuatro años y era muy pequeño. Me arrastraba por el suelo de la caseta y escuchaba la música del tocadiscos viejo que anunciaba el número de la mujer y mi abuela. Mientras se mostraban desnudas me entretenía con cualquier cosa, esperando que terminasen y corrieran las cortinas.

«El Mono» permanecía fuera recogiendo el dinero que le iban dando los espectadores y haciéndoles pasar dentro de la estrecha caseta que siempre estuvo iluminada por una fila de bombillas de colores que llamaban mucho mi atención.

Dentro de la caseta no cabían más de diez hombres de pie apretados y silenciosos, que aguardaban a que se descorrieran las cortinillas y salieran las dos mujeres que parecían de la misma edad.

El espectáculo duraba alrededor de tres minutos, exactamente lo mismo que el disco que ponían en el viejo tocadiscos. Yo sabía que iba a empezar la función porque «El Mono» golpeaba las paredes de lata y gritaba: «¡Ya!»

En ese momento mi abuela ponía el disco, descorría las cortinas y se exhibía junto a la otra mujer ante los hombres que las miraban fijamente sin decir nada.

Ninguna de las dos se movía ni bailaba. Solamente se plantaban allí, desnudas, a que las miraran. Luego, cuando acababa la música, cerraban las cortinas y se sentaban en el suelo conmigo, a descansar y a charlar de sus cosas y a darme de mamar.

A pesar de mis cuatro años yo siempre tenía mucha hambre y entre disco y disco me arrastraba hasta las dos mujeres y me ponía a chuparles los pechos.

Se sentaban en el suelo de tierra, sobre una esterilla o una manta, y apoyaban la espalda en la chapa de la caseta. Casi siempre, cuando terminaba con mi abuela me iba para la otra mujer y le mamaba también. Las dos tenían leche y yo no notaba la diferencia.

Me acuerdo que se estaba muy bien, muy calentito y muy bien hinchándome de la leche tibia de cuatro pechos gordos y llenos.

La palmada de «El Mono» sobre la chapa de la caseta anunciaba que todo estaba a punto, pero también que tenía que dejar de mamar.

Aquello me molestaba mucho y recuerdo que lloraba y pataleaba, pero pronto me callaba. Sabía que después de observar sus culos blancos y grandes durante un ratito, otra vez volvería a tener sus pechos para mí solo.

Durante el día y la mayor parte de la tarde la caseta servía para tirar al blanco. Teníamos seis escopetas de perdigones y un saco entero de balines y un montón de regalos para los ganadores: soldaditos, muñequitas, sacapuntas, puros, cajetillas de cigarrillos, botellas de anís...

Mi abuela y «El Mono» atendían a los tiradores, cobraban y entregaban los regalos. Yo solía permanecer a sus pies con un pedazo de corteza de pan impregnado de anís en la mano, para que chupara y no distrajera a los tiradores.

Íbamos de feria en feria y muy pocas veces repetíamos en el mismo pueblo. Viajábamos en la camioneta donde cargábamos la caseta de tiro al blanco, las bombillas de colores, los regalos, las escopetas y todo lo que teníamos.

«El Mono» conducía y yo iba sentado en las faldas de mi abuela, entretenido con la corteza de pan empapada en anís o mamándole. A veces, viajaba también en las faldas de la otra mujer, cuando venía con nosotros. Pero casi siempre era con mi abuela.

Era muy curioso. Yo siempre quería tragar leche, mamarle los pechos a una o a la otra. Yo era más bien pequeño de estatura para mi edad, pero muy fuerte. Nunca tuve una enfermedad. Ésa debe de ser la razón por la que fui un niño sano y después un muchacho y un hombre de salud de hierro. Dicen que la leche de las mujeres es uno de los alimentos mejores y más saludables que existen. A lo mejor es por eso.

Llegábamos de noche a los pueblos y siempre los pueblos eran bonitos y alegres porque estaban en fiestas. En muchos de ellos había cohetes y bandas de música y tiovivos y muchas otras casetas.

Lo primero que hacíamos al llegar era buscar un sitio y descargar la caseta desarmada. Ésa era tarea para «El Mono» que tenía una fuerza descomunal, fuera de lo normal y que cargaba y descargaba paneles enteros de pesada chapa como si fuera de corcho.

Después de descargar la caseta mi abuela y yo nos dábamos una vuelta por la feria a ver cómo era, si había mucho dinero, mucha competencia o carricoches nuevos.

Mi abuela me llevaba de la mano y los otros feriantes nos saludaban y había risas y bromas.

—¡Eh! —solía decir mi abuela—. ¡Fijaos qué niño me ha hecho «El Mono»!

Y me mostraba a los demás.

Los feriantes se reían con mi abuela, pero yo me entristecía mucho. Echaba de menos a mi verdadera madre y pensaba que me había vendido a mi abuela o algo así.

En realidad, siempre estaba muy triste. Odiaba no estar con mi hermana Dolores ni en la especie de colegio o guardería donde me pusieron, antes de que me llevaran con mis abuelos. No podía comprender por qué no me quería nadie: ni mi padre, ni mi madre, ni mis hermanos.

Los propios feriantes informaban a mis abuelos de las características de aquella feria y de cómo iban las cosas. Luego, «El Mono» se marchaba con ellos a emborracharse y mi abuela y yo nos íbamos a la caseta a cenar lo que hubiese, y a dormir.

Dormíamos todos en un colchón de goma espuma que teníamos en el suelo, muy apretados porque casi siempre hacía frío. Cuando se quedaba a dormir aquella mujer, había menos espacio todavía.

Por las mañanas «El Mono» me despertaba roncando a nuestro lado. Solía apestar a anís y a vinazo y me quitaba sitio.

El día siguiente a la llegada a un pueblo en ferias era un momento muy importante. Mi abuela afeitaba a «El Mono» intentando quitarle el color azul oscuro que tenía siempre su cara, luego le preparaba el traje, la camisa blanca y la corbata y lo enviaba a conseguir los papeles para quedarnos allí dos o tres días o lo que durasen las fiestas.

Mientras llegaba «El Mono» no hacíamos nada. Nos tumbábamos a holgazanear. A veces, mi abuela lavaba la ropa sucia o cosía, y yo no me separaba de ella.

Existía una norma no escrita que consistía en no arreglar la caseta hasta que llegase «El Mono» con los papeles en regla. Había veces que no los conseguía, bien porque eran muy caros o porque habían llegado a los oídos de las autoridades lo que pasaba por la noche en la caseta.

Cuando llegaba «El Mono» con los papeles, todo era actividad. Se terminaba de montar la caseta en un santiamén, se barría el suelo alrededor y se regaba para que no hubiese polvo.

Entre las seis y las seis y media la caseta ya estaba lista para los niños, que eran siempre los primeros en acudir a la feria.

Desde que se abría la caseta hasta la noche, en que se transformaba, yo permanecía a los pies de ellos o me arrastraba por el suelo, sorbiendo la corteza de pan impregnada de anís.

Escuchaba los disparos, ¡pum, pum, pum! que atronaban mis oídos como el ruido de una tormenta y me prendía de las piernas de mi abuela y gemía, asustado.

Desde el suelo veía los regalos colgados de las cintas, muy lejos de mi alcance. Todos eran maravillosos.

Había ositos de peluche, cochecitos y objetos de colores. Yo los quería y tendía las manos intentando cogerlos. Pero era inútil. De haberlos podido agarrar, me los hubieran quitado.

Muy pronto tuve que aprender que todas aquellas cosas de colores jamás serían para mí.

De pronto, una noche faltó la otra mujer. Dejé de chuparle los pechos y de verle las piernas y la espalda durante las largas sesiones de exhibición. Ya sólo veía un solo culo grande y blanco.

Pero me acostumbré a chuparle los pechos sólo a mi abuela, sin echar de menos los cuatro pechos de leche tibia de antes.

En realidad estábamos mejor. Desde que se fue aquella mujer teníamos más sitio en la cama y en la cabina de la camioneta, de manera que las cosas, al menos en teoría, fueron mucho mejor.

Mi abuela nunca me habló de mi madre. Durante todo aquel tiempo que pasé con ella la llamaba madre, fingiendo que no me acordaba de mi verdadera madre. Sin embargo, a mi abuelo «el Mono» nunca lo llamé padre, ni abuelo. Era el marido de mi abuela, el padre de mi madre, pero para mí un extraño. En realidad lo odiaba.

Mucho después, cuando era un niño un poco más crecido, pensaba en los dos culos blancos e iguales que se exhibían ante los silenciosos espectadores de la caseta de tiro al blanco. No me cabía en la cabeza que pudiera haber existido alguna relación entre aquella mujer y «El Mono». Tampoco me cabía en la cabeza que ese ser repugnante y asqueroso, en realidad semihumano, pudiera haber engendrado a mi madre. Rechazaba la idea como imposible.

Años más tarde, cuando descubrí a mi verdadero padre, supe que el odio a «El Mono» había sido algo instintivo. Mi sangre rechazaba la contaminación de la suya. Nunca le hablé a mi abuela de que yo recordaba a mi madre. No se lo dije nunca. Yo la llamaba madre y era mi madre ante las pocas personas, casi todos feriantes como nosotros, con las que nos tropezábamos por azar.

Sin embargo, muchos años después, cuando yo ya había cumplido doce años, y vivíamos en Almansa, le dije que me acordaba de la otra mujer y de lo que pasó la noche del Unicornio.

Fue durante una noche de tormenta en la que nos

agazapamos en la cama, escuchando los truenos y las gotas de agua caer sobre el techo.

«El Mono» había salido a montar su número en cualquier taberna y mi abuela se había llevado una botella a la cama. Solía beber una mezcla de anís seco y dulce que se preparaba ella misma y que nunca la emborrachaba por completo. Los ojos le brillaban y la lengua se le volvía estropajosa, pero no se tambaleaba ni vomitaba como hacía «El Mono» que agarraba borracheras durante las cuales perdía el conocimiento y parecía muerto. Bueno, como te digo, estábamos mi abuela y yo bajo las mantas, escuchando el ruido sordo de las gotas de lluvia y se lo dije.

Le dije que me acordaba de la noche del Unicornio. Ella dejó la botella de anís mezclado sobre el regazo —solía acunarla como si fuera un niño pequeño— y durante un buen rato me miró con sus ojos enrojecidos sin decirme nada. Luego me contestó que era imposible, la mujer aquella se había marchado cuando yo aún no había cumplido los cinco años. Era imposible que yo me acordara de ella.

Para demostrarle que tenía buena memoria le conté lo que te he contado al principio, que las veía juntas de espaldas y que mamaba de sus cuatro pechos.

Ella negaba moviendo la cabeza:

—Es imposible, niño, es imposible. Tú eras demasiado pequeño. ¿Quién te ha contado eso, niño? —me preguntó, asustada.

—Nadie, nadie me lo ha contado, abuela —le respondí.

—No se lo tienes que contar a nadie, niño. Escúchame bien. A nadie.

Yo le aseguré que no se lo contaría a nadie.

Mi abuela dejó la botella, salió de la cama y cogió el mazo de cartas. Arriba, sobre el techo, seguían cayendo las gotas de lluvia como si fuera un tambor.

—Nunca te he echado las cartas, niño, y ahora te las voy a echar.

Colocó sobre la cama el paño negro que solía utilizar y se puso a canturrear por lo bajo y a mecerse adelante y atrás, sentada con las piernas encogidas. Luego trazó signos extraños en el aire y en el paño negro y empezó a echarme las cartas, comenzando por los signos cardinales, después la tierra, el aire, el agua, el cielo y el infierno. Según fueron saliendo las cartas, mi abuela se mostraba cada vez más intranquila y nerviosa, mirándome de reojo.

—Lo sabía —murmuraba—. Lo sabía. Ha sido un castigo del cielo. Cuando tu madre era casi una niña, ella y yo fuimos a trabajar a una casa muy grande...

—Sigue —le instaba yo—. Cuéntamelo.

—Y antes de tú nacer, el señorito fue a verla a Santander... pero no, niño. Ya lo sabrás a su debido tiempo.

Cuando salieron todas las cartas, a mi abuela le temblaban las manos, ella que era tan fuerte y tan animosa. Deshizo el juego y recogió el paño negro y lo puso otra vez frente a mí. Empezó de nuevo igual que antes. Realizó los extraños signos en el aire, recitó algo entre dientes y se balanceó atrás y adelante siguiendo la cadencia de lo que iba diciendo.

Cuando la última carta cayó en el paño negro a mi lado, gritó.

Fue un grito desgarrador que no he vuelto a oír hasta seis años después, en el mismo momento en que ella murió. Pero ésta es otra historia que ya te contaré.

Yo me asusté al oír el grito de mi abuela y me lancé hacia ella para abrazarla. Ella me agarró fuerte y exclamó:

—¡No me mates, niño, no me mates!

Entonces no le hice caso porque pensaba que estaba medio borracha y yo era muy pequeño.

5

La madre de Julio era desgarbada y flaca. Tenía los cabellos blancos despeinados y los ojos como ascuas que parecían refulgir en la oscuridad.

Le dijo a Julio:

—Ella no lo quiere, se casó con él para salir de su casa, ¿entiendes? En realidad está enamorada de Claudio y no sabe qué hacer. Se lo ha contado todo a Mercedes, su mejor amiga.

—No tengo tiempo de ver la televisión, mamá —contestó Julio.

—Nadie debería hacer algo así. Hay que casarse por amor.

—Claro.

—Pero ella sufre. Llora por las noches cuando el marido está fuera por motivos de negocios. No puede apartar a Claudio de su pensamiento. Tiene el corazón desgarrado. Deberías ver esas novelas, Julio. Te darían muchas ideas para tus libros.

Algo crujió, quizás una madera seca o la juntura de una ventana. Los muebles crujían siempre y de niño le asustaban. Eran oscuros, grandes, pesados y se alineaban en la pared derramando sombras. No eran muebles de Julio. Su madre los había traído con ella cuando vino a vivir con él al quedarse viuda.

Aquellos muebles mal colocados, situados como por azar, le recordaban a Julio los interminables años de su infancia.

—No debes ver tanta televisión, mamá. ¿Por qué no sales más a la calle? Podrías llamar a Fina... no sé... ir a merendar, al cine, quizás al parque.

—Me gusta ver la televisión. La calle es siempre la misma, en cambio, la televisión cuenta cosas diferentes todos los días.

—Enfermarás de los ojos.

—¿Has visto el periódico, hijo? Ha vuelto a salir tu amigo, el violador.

—No es mi amigo, mamá. Escribo un libro sobre él. Nada más.

—También ha salido en televisión.

—No quiero que los periódicos me influyan, mamá. Además, no sé lo que los periodistas pueden enseñarme sobre Fernando.

—¿Qué te ha parecido esa oposición a gestor de aduanas? Ciento cincuenta mil al mes. Y dentro de muy poquito vienen las de oficiales de Juzgado, hijo. No deberías perder esa oportunidad. Yo me iré, hijo, y te quedarás solo.

Todos los días su madre subrayaba con lápiz rojo los anuncios de petición de empleo del periódico y los avisos de las academias especializadas en oposiciones. Su obsesión era que estudiara duramente cuatro o cinco meses y que sacara cualquier oposición al Estado. La preferida por ella era Correos. Su hermano Alberto —tío Alberto— había empezado de simple cartero en 1947 y ahora era jefe de Cartería en Logroño y jamás había tenido un sobresalto. Como solía decir ella, antes se derrumbaría el mundo que el servicio de Correos.

En realidad, aquello lo llevaba escuchando Julio desde que era un niño. Al principio, los consejos de su madre se dirigían a su padre, vendedor de una importante casa de chocolates y productos alimenticios.

Recordaba a su padre siempre fuera, viajando por los pueblos de la región, intentando que los tenderos hicieran pedidos de aquellos chocolates y magdalenas que intentaba vender.

Tenía grabadas en la memoria las largas sobremesas en su casa, con el padre fatigado y lamentándose de su suerte, de las zancadillas que invariablemente le hacían sus compañeros de trabajo y, sobre todo, el jefe general de Ventas, un oscuro personaje que vivía en Barcelona y que mandaba despóticamente sobre los delegados de Ventas y los vendedores a comisión.

Su madre, ya entonces, ponía a su hermano Alberto como ejemplo de sagacidad e instaba a su padre a que opositara a algo seguro.

Una o dos veces, que recordara Julio, su padre intentó preparar unas oposiciones. No sabía bien a qué, pero ahora se acordaba de él, sudoroso, agarrando los libros y fotocopias con fuerza y estudiando con decisión los temas.

Lo recordaba sentado en la mesa de la cocina y a su madre caminando de puntillas para no distraerlo del ímprobo esfuerzo.

Entonces, él tenía que hacer los deberes del colegio en su habitación y no hacer el menor ruido. La casa se volvía un sepulcro silencioso y no se podía ni tirar de la cadena del retrete.

—Sí, ahora los voy a mirar, mamá.

—Deberías hacerlo, hijo. Tú eres mucho más listo que el tío Alberto. Y cuando ya tengas la oposición, podrás dedicarte a escribir todos esos libros que quieres escribir. ¿Vas a estar mucho tiempo despierto? Te he dejado leche en la nevera, por si tienes hambre.

—Gracias, mamá. Ahora vete a dormir, anda.

—Te veo preocupado, hijo. ¿En qué piensas?

—¿Qué pasaría si papá no hubiese sido mi verdadero padre, eh? —Su madre abrió los ojos, asombrada—. ¿Hubiera yo buscado a mi verdadero padre?

—Qué tonterías se te ocurren. Anda... no estés mucho tiempo despierto, hijo. Acuéstate pronto.

Sintió sus labios en la frente y aguardó a que le pasara la mano suavemente por el pelo, la única caricia que se permitía su madre. Luego, se deslizó hacia su cuarto entre las masas oscuras de los muebles.

Julio suspiró. Su madre parecía delgada y frágil y quizá lo fuera. Pero siempre la recordaba igual, vieja y delgada, huesuda, pasándole la mano con timidez por la cabeza.

Julio rebobinó la cinta magnetofónica y se dispuso a escuchar otra vez lo que le había contado Fernando esa mañana. Hablaba con voz clara y precisa, espaciando las frases, para que él pudiese transcribirlas al papel más fácilmente.

—¿Ya funciona?... Bueno, después de que muriera mi abuela, después de todo lo que pasó... ¿Así está bien?...

—Sí, sigue, Fernando, así está bien.

—... me alisté en la Legión. Había Banderines de Enganche en todas las Capitanías Generales. Yo viajé hasta Murcia en autostop y allí me presenté.

Recuerdo muy bien cómo era todo. Entré en una habitación donde había un oficial (el teniente Casado) apuntando a la gente. En una mesa cercana se encontraba un suboficial, un sargento, creo, que le ayudaba. Me gustó aquel ambiente. Me gustó la seriedad que respiraba todo, lo limpio que estaba, las órdenes secas y tajantes.

Yo no tenía papeles de ninguna clase. Ni certificado de nacimiento, ni carné de identidad... Sólo un papel que decía que estaba bautizado y quiénes eran mi madre y mi padre.

Le enseñé el papel al oficial con miedo de que me despidieran en ese instante y me echaran de allí, pero no lo hizo. Me apuntó en una lista y me hizo firmar por seis años.

—Olvídate de la vida civil, muchacho —me dijo el teniente Casado—. Pronto serás Caballero Legionario. Un orgullo, lleva siempre la cabeza bien alta a partir de ahora.

Yo me di cuenta que había entrado en mi mundo, lo que siempre había soñado.

La gente suele decir que la vida militar —y más, la Legión— es un infierno. Eso lo dicen porque han vivido antes en un lecho de rosas. Para mí, el tiempo que pasé en la Legión fue lo mejor de mi vida y aún maldigo la hora en que salí del cuerpo.

No te voy a cansar con lo que me pasó al principio. Fueron semanas de papeles, de espera hasta que me hicieron un carné de identidad —el primero que tuve en mi vida— y la cartilla militar.

Nos llevaron a Madrid. Estuvimos acuartelados en las dependencias de la División Acorazada Brunete, cerca de Cuatro Vientos, mientras iban llegando legionarios de toda España para el traslado definitivo a nuestros destinos. Éramos unos quinientos y estábamos repartidos en tres grupos. Unos ciento cincuenta iríamos a Melilla con el teniente Casado, otros ciento cincuenta a Fuerteventura y el resto a Ceuta.

En los acuartelamientos de la Brunete dormíamos con la tropa, comíamos el rancho y hacíamos la instrucción. A mí, que estaba acostumbrado a dormir en la caseta del tiro al blanco, las literas de los dormitorios con sábanas y mantas me parecieron gloria bendita. Y el rancho, pan de los dioses. No cabía en mí de alegría.

Desde el principio empecé a destacar en la instrucción y en los ejercicios gimnásticos y el teniente Casado se fijó en mí.

Se iban a realizar competiciones entre los futuros legionarios y los soldados de la Brunete y el teniente Casado me eligió entre los veinte aspirantes a Caballeros Legionarios más fuertes y atléticos.

No es que yo aparentara fuerza —soy normal— pero engaño bastante. Soy fuerte y tengo mucho nervio. Por eso me escogió el teniente Casado.

Nos estuvo instruyendo durante diez días en salto, carreras, lanzamiento de jabalina, potro, plinto y boxeo. A pesar de los pocos días de entrenamiento yo destaqué enseguida, era como si lo hubiese hecho siempre, lo aprendía todo a la primera y sin ninguna dificultad. Pronto fui uno de los favoritos.

El teniente Casado me había tomado afecto sincero y me trataba cada vez mejor, con mucho cariño, como si fuera mi hermano mayor. Él debía de tener entonces alrededor de treinta años y poseía un expediente militar intachable. Decían que era uno de los mejores oficiales de la Legión y estaba habilitado para capitán. Yo me sentía orgulloso y halagado de que me tuviese en tanta estima.

Llegaron los días de las pruebas y yo quedé entre los primeros. Los soldados, los suboficiales y hasta los oficiales y jefes asistieron a las competiciones y todos me aplaudieron a rabiar. El campo de deporte se venía abajo de tantos aplausos.

Era increíble, parecía volar, perderme en la estratosfera con tanto aplauso.

Era bueno, sobre todo en carrera, salto, lanzamiento de peso y jabalina.

Lo de boxeo fue el paroxismo, la locura. El teniente Casado apenas tuvo tiempo de enseñarme las mínimas bases, pero yo tenía que enfrentarme a Perico

Santos, alias «Huracán Santos», que había sido aspirante al campeonato de España del peso ligero y que estaba haciendo la mili en la División Acorazada Brunete.

Este «Huracán Santos» era un tío pequeñito, pero muy nervudo y muy fuerte, casi con la misma envergadura que yo. Lo único que yo tenía más largo eran los brazos, que todavía no he conocido a nadie que tuviera los brazos más largos que los míos. Además, era boxeador profesional y un sujeto marrullero y correoso.

El teniente Casado me compró un chándal, botas de deporte, calzón, toallas... en fin, todo lo necesario para presentarme ante los militares y sus familias.

En medio del campo de maniobras habían levantado un ring de verdad y decían que iban a acudir jueces y árbitros de la Federación Castellana de Boxeo para que consignaran que los combates de aquella velada fueran realizados con todas las garantías.

Dos días antes del combate, el coronel jefe me mandó llamar.

Fui con el teniente Casado a su despacho. El coronel era un hombre fuerte y derecho, con el pelo canoso y bigote. Se notaba enseguida que era un jefe nato, un hombre distinto a los demás, nacido para mandar. Me dijo que el honor de la Legión estaba en juego y que con el honor no se podía jugar. Si no me sentía seguro de ganar era mejor que me retirase. Había ganado varias competiciones de atletismo y con eso había llenado de honor los corazones de todos los Caballeros Legionarios, pero que ese combate de boxeo era especial, estaba en juego la hombría del Tercio. Era preferible una retirada honrosa, sin vergüenza, que una derrota. Los Caballeros Legionarios no podían ser derrotados. Cuando salían a luchar, salían a ganar, a por todas. De modo que me lo pensase bien.

—Tengo mucha confianza en él, mi coronel— dijo el teniente Casado.

—Coño, Casado —respondió el coronel—. Ese Santos es profesional. Esos cabrones han puesto enfrente a un campeón.

—Le vamos a ganar, mi coronel —contestó.

—No quiero que se cachondee de mí ese gilipollas de coronel Hernández, ese chulo —respondió el coronel—. Los de la Acorazada se creen los mejores. Nosotros tenemos que demostrarles que tenemos más cojones que nadie.

—Es que los tenemos, mi coronel. El aspirante a Caballero Legionario Fernando Ruiz se lo va a comer. ¿Mi coronel, ha visto la musculatura de Ruiz?

Me acuerdo que le contesté:

—Con su permiso, mi coronel, pero me voy a comer a ese Huracán.

—Mátalo, sé un hombre, sé un Caballero Legionario con dos pelotas —me ordenó el coronel.

El día del combate estuve muy nervioso, muy azorado. Me dieron rancho aparte, comida especial y me dejaron solo, descansando. Yo escuchaba las exclamaciones, los vítores y los silbidos del público en los otros combates.

Y allí, tumbado en la cama, supe que tenía que ganarle a ese mariconazo de «Huracán Santos». La gente tendría que aplaudirme a mí, tendría que besar la planta de mis pies. Yo era más fuerte y más listo que todos ellos y lo iba a demostrar esa noche.

Aunque marcase el paso, vista a la derecha, vista a la izquierda, firmes, en su lugar presenten armas, yo no tenía nada que ver con esa chusma vulgar y escandalosa. Yo era diferente, siempre lo había sabido, sin necesidad de que me lo dijeran los demás, y ahora, allí mismo, lo iba a ver todo el mundo.

Mi combate era el último. Había habido de los

pesos pluma y un superwelter. El último de la velada era el más importante, el mío.

Subí al ring y mis seguidores —yo era el ídolo de los legionarios— se desgañitaron aplaudiéndome y dándome vítores. Hasta los oficiales me animaron. Luego subió «Huracán Santos» y pasó lo mismo con sus seguidores, todos los de la División Acorazada.

Según le vitoreaban, me iba entrando más y más rabia. Era una cosa extraña, era como si ese cabrón me estuviese robando a mí los aplausos, el cariño de la multitud.

Y si ya antes odiaba a «Huracán Santos», ahora lo odié aún más. Tenía tanto odio encima, tanta rabia que pensaba que no iba a soportar que el árbitro nos presentase.

Sonó la campana y aquel cabrón comenzó a jugar conmigo. A mí nunca me había pegado nadie, excepto «El Mono» y cuando era pequeño. Yo he sido siempre el más listo en todas partes donde he estado y nunca, ningún hombre, me ha podido pegar. Incluso los que eran más fuertes que yo.

Sin embargo aquel cabrón jugaba conmigo. Yo sabía todo lo que había que saber sobre peleas callejeras y sabía todo lo que se tenía que hacer para destrozar a alguien en una lucha sin jueces ni árbitros. Pero aquella pelea tenía reglas, era boxeo. Y yo sólo tenía una ligera idea de boxear.

El tío cabrón se escurría cada vez que yo le lanzaba las manos. Pasaba por entre mis puños como si fuera invisible y me pegaba en la cara y en el cuerpo, pero yo no sentía los golpes. Cuando terminaban los asaltos, los seguidores de «Huracán Santos» lo vitoreaban y el teniente Casado se ponía cada vez más triste y preocupado.

Fueron pasando los asaltos y yo continuaba de pie a pesar de la paliza. No podía esquivar sus golpes, pero esperaba mi momento. Lo odiaba con todas mis fuerzas y a lo mejor eso me sostenía.

Mi momento llegó. Debió cansarse o se confió demasiado por la paliza que me estaba propinando. El caso es que le pude conectar un golpe en la cara. Y después otro. Y otro.

Sus ojos se volvieron vidriosos. Empecé a darle en todas partes. Se cubría con los dos brazos, tapándose la cara y el pecho, esperando que sonara la campana. Pero no le dejé, los brazos se le cayeron y la carne del cuerpo comenzó a convertirse en pulpa roja. Nadie vitoreaba ahora a «Huracán Santos». Cayó en la lona y el árbitro paró el combate.

Entonces todo el mundo rugió y gritó mi nombre, desgañitándose, puesto en pie. El teniente Casado lloraba de alegría.

Fue el día más feliz de mi vida, Julio, te lo juro.

6

Yo nací en el seno de unos padres más bien pobres, gente obrera que tuvieron siete hijos. El primero fue varón que murió de pequeñito cuando la época de la posguerra. En la actualidad quedamos seis hermanos: Carmen la mayor, Antonio el segundo, Dolores la tercera, José Fernando el cuarto que soy yo, Luís el quinto y Javier el sexto. O sea cuatro hombres y dos mujeres.

A la edad de tres años, empecé en una Escuela o Guarderia particular en casa de una Señorita que se llamaba: Rosario, daba clase a niños de corta edad en la misma casa.

El pueblo donde vivíamos se llama: Campo Jiro del Rancho Chico, la Señorita era una vecina. Esta señorita le gustaba pegarnos por la mínima y nos daba con una vara de arbusto en la palma de las manos, ya se podrán imaginar a los tres años esos palos, llegamos a coger miedo el ir a su casa a estudiar pero no quedaba más remedio porque de lo contrario me pegaban también en casa y había que ir.

Mis padres eran nada más que unos simples obreros, trabajaban para poder sacarnos a todos adelante poco a poco. Mi padre trabajaba de Guarda para las Canteras del Ayuntamiento situadas en un Pueblo de Santander llamado: Cueto, trabajaba los Sábados, Domingos y festivos, el resto de la semana trabajaba en un Almacén para el curtido de las pieles de vaca, etc. Era una persona muy recta, de carácter serio, mujeriego y de ordeno y mando. Había que hacer siempre lo que él decía, estaría bien o mal había que hacerlo, poco comprensivo sin explicaciones algunas.

Mi madre: trabajaba de limpiadora en un Cafetería que se llamaba el Congreso, situada en frente del Ayuntamiento de la Capital de Santander. Trabajaba todo el día y casi la mitad de la noche, apenas la veíamos algunas mañanas que venía a atender un poco la casa y se marchaba otra vez rápido. Era de carácter más noble pero a la vez sufrida por los disgustos que le daba mi padre, que le pegaba de vez en cuando sin saber por qué, le daba igual que estuviésemos nosotros delante o no.

Mi hermana la mayor Carmen, era la que se preocupaba de atendernos a nosotros y cuidaba de la casa mientras mis padres trabajaban y poco podían hacer por nosotros. Mi hermana nos traía a raya pero en el fondo había que reconocer que era la que estaba al cargo nuestro.

Nosotros teníamos en casa una huerta, gallinas, conejos, palomas, un perro muy grande y un gato que sólo le faltaba hablar al gato. Todos los días iba a buscar a mi padre al trabajo, cuando se marchaba el gato a mediodía, ya sabíamos que era la una de la tarde. El animal sabía la hora que era para marchar. Ese gato es que era extraordinario.

Este gato parecía hijo de mi padre, el verdadero hijo. Pues a nosotros no nos hacía ni puñetero caso, siempre de regaños y palos y en cambio, al gato, todo eran mimos y cuidados. Le daba la mejor comida y cuando volvía a casa del trabajo se ponía a jugar con él que era una cosa increible. Lo trataba mejor que a las personas.

Un día al cruzar las vías del tren se quedó enganchado de una pata en uno de los maderos de las vías y lo mató el tren, lo sentimos mucho porque parecía una persona en vez de un animal, entendía todo lo que se le decía.

Pero mi hermano mayor Antonio se chivó para mi

madre diciéndole que yo había atado el gato a las traviesas de las vías. Un niño de tres años, hay que fijarse, pero es que mi hermano Antonio siempre fue chivato de naturaleza y mala persona. Dicen que porque al nacer se cayó al suelo y le afectó la cabeza.

Yo me puse a llorar porque a mí el gato me gustaba cantidad y me quería mucho, yo creo que después de mi padre al que más quería era a mí. Yo también jugaba mucho con el gato, lo cogía en brazos y lo besaba. Cosas de niños.

Mi madre y mi padre se creyeron todo lo que les chivaba mi hermano Antonio. También les dijo que yo con un alfiler le sacaba los ojos a unos pajaritos que cogíamos por el campo.

Todo eso eran grandes mentiras, porque era él el que le sacaba los ojos a los pajaritos y no yo y me impulsaba a mí a hacerlo, cosa de niños, pero fue a mi madre y le contó lo del gato y lo de los pajaritos.

Yo me puse a llorar y le dije a mi madre que no se lo dijera a padre, que era mentira, pero ni por esas. Mi madre se lo dijo a mi padre y me pegó fuerte, muy fuerte con la correa como si hubiera matado a una persona y no a un gato.

Mi padre me dejó para el arrastre de la paliza que me dio y me llamó «Hijo del demonio», que a mí no me había engendrado él, sino el demonio.

Y se puso a insultar a mi madre llamándola puta y otras cosas por haber tenido ese hijo (yo). Al poco tiempo, me parece que fue en verano, no me acuerdo bien, me mandaron con mis abuelos.

Yo me agarraba a las piernas de mi madre para no irme y mi madre me pegaba para que me soltara.

7

Mi novio siempre ha sido formal, de casa al trabajo y del trabajo a casa a ver la televisión o a charlar, siempre servicial y buena persona, pero de mucho carácter, se enfada por cualquier cosa. Le gusta todo ordenado y a su hora. Cuando quiere es simpático. Yo lo veo normal en todo... Lo conocí porque fue a arreglarle a mi madre unas losetas flojas del cuarto de baño hace siete meses... De trasnochar y borracheras como otros hombres, nada de nada. Me decía que nos íbamos a casar en cuanto ahorrara para el piso. A mí me parece imposible que haya hecho eso que dicen que ha hecho... De vez en cuando se descolgaba con regalos, ¿sabe?, televisores, casetes, juguetitos, radios... y cadenitas, relojes, pendientes... era muy atento, cariñoso cuando quería...»

—Gracias, señor secretario. Señor Ruiz, continúa usted sin elegir letrado para su defensa. Me veo en la obligación de comunicarle que faltan diecisiete días para que finalice el plazo que este Juzgado de Instrucción le ha concedido.

—Muchas gracias, señor juez. Le agradezco mucho lo que hace por mí. Muchas gracias.

—Bien, ha oído las declaraciones de su novia, la señorita Nieves Blasco, con la que convivía. Los múltiples regalos que le hacía a su novia han sido reconocidos por los parientes directos de sus presuntas víctimas. Es inútil que trate de decirnos que compró esos objetos.

—Bueno... verá, algunos me los regalaban esas señoras. Quedaban contentas con las chapuzas... Ya sabe usted, señor juez, que hay mucho fontanero manazas, que no tienen ni idea.

—¿No se los robaba a las víctimas, señor Ruiz?

—¡Yo no robo, yo no soy un ladrón!

—Han identificado el noventa por ciento de esos objetos. La popularidad que está usted alcanzando y que tanto parece satisfacerle, nos está ayudando, mal que le pese. Después de salir en la prensa con excesiva asiduidad, diría yo, hemos prestado declaración a una multitud de testigos de su barrio.

—Con la venia, señoría...

—¿De mi barrio? ¡Un momento! ¿Qué ha querido decir con eso? ¿Están en mi contra los del barrio?

—Espere, no interrumpa. Diga, señor secretario.

—He hecho un resumen de las declaraciones de testigos para hacérselas saber al acusado.

—Yo no he matado a ninguna vieja.

—Léalo, por favor.

—Con la venia...

—¡Ja, ja, ja!

—¿Qué le hace tanta gracia, señor Ruiz?

—Ustedes hacen caso a las habladurías de la gente de mi barrio. Son unos chismosos, señor juez y me tenían envidia.

—Le aconsejo que no se ría tanto y que busque lo antes posible un letrado para su defensa. Si lo que intenta es dilatar el juicio, le comunico que es totalmente inútil. Señor secretario, proceda.

—¿Y quién dice que yo he matado a esas viejas?

—Su foto en los periódicos ha hecho que algunos

testigos lo recordaran, señor Ruiz. Nada más. ¿Permite que el señor secretario pueda leer?

—Con la venia, señoría... Según declaraciones bajo juramento de testigos, todos domiciliados en el mismo barrio que el acusado, y con diverso grado de conocimiento y amistad con el mencionado acusado, efectuadas en los Juzgados de Guardia en un caso y en comisarías de policía en otros, resulta que... el acusado llevaba una vida regular y sin escándalo, era amable y servicial con todo el mundo, trabajador y muy ordenado. Asimismo, pusieron de manifiesto que el acusado pagaba regularmente el alquiler de su domicilio. Preguntados sobre la acusación contra don José Fernando Ruiz, manifestaron su total extrañeza al respecto. Era conocida por los vecinos su amabilidad con las ancianas, a las que ayudaba con las bolsas de la compra, a cruzar la calle, etc. Asimismo, declararon que golpeaba y le gritaba a su novia, Nieves Blasco, aduciendo que se veía con otros hombres...

—Gracias, continuaré yo, señor secretario.

—Como guste, señoría.

—¿Conoce usted a doña Antonia Gómez Fernández, viuda de setenta y siete años, domiciliada en calle Jardines número 84, 3º derecha, de esta capital?

—No.

—Doña Antonia vivía sola desde que enviudó de don Casimiro López Tapia en 1978. Tiene una hija casada de treinta y seis años, domiciliada en Fuenlabrada y dedicada a sus labores. El 30 de junio pasado, la hija de doña Antonia acudió al domicilio de su madre, tal como tiene por costumbre dos o tres veces a la semana, y encontró a su madre tendida en la cama, vestida y muerta. La cama estaba perfectamente hecha y doña Antonia con los brazos cruzados sobre el pecho, pero con la dentadura postiza atascada en la garganta. La hija lo atribuyó a los últimos estertores de la muerte. Doña Antonia padecía de insuficiencia cardíaca, artrosis y... bueno, de otras dolencias propias de la vejez. Eso fue lo que le hizo pensar a la hija que su madre había fallecido de muerte natural, víctima de un ataque al corazón. El médico del cercano ambulatorio, que conocía a la víctima y sabía de sus dolencias, firmó el parte médico como muerte natural, sin efectuar mayores averiguaciones. Haga memoria. Hemos encontrado una factura de fontanería a su nombre entre los papeles de doña Antonia. Además, poseemos innumerables declaraciones de testigos que afirman que usted conocía a doña Antonia.

—Ahora me acuerdo. En el barrio la llamábamos doña Toñi. Era muy castiza.

—La hija de doña Antonia reconoció su foto en los periódicos y recordó haberle visto en el piso de su madre el mismo día de su muerte, arreglando unas cañerías. La testigo acudió al Juzgado de Guardia y comunicó sus temores y se le tomó declaración. Recordó, además, que al limpiar y lavar a su madre en compañía de unas vecinas para amortajarla, se dieron cuenta de que tenía sangre en la zona púbica, muslos y ano, atribuyendo el hecho a hemorragias internas, sin darle mayor importancia. Pero este Juzgado, señor Ruiz, autorizó la exhumación del cadáver y una exhaustiva autopsia cuyos resultados están ya incluidos en el sumario. Doña Antonia Gómez Fernández no murió de muerte natural, como se creyó al principio, sino que fue violada vaginal y analmente y asfixiada.

—Yo no he matado a ninguna Antonia o como se llamara esa vieja. Yo no he matado a nadie. ¿Cómo puede usted pensar que yo pueda hacer el amor con esas viejas? Yo he tenido siempre mujeres jóvenes y muy guapas. He tenido las mujeres que he querido.

—Esto no es un juicio. No tiene usted que defenderse. Conteste, ¿por qué esa manía de tenderlas en la cama y arreglarlo todo? ¿Era para fingir una muerte natural?

—Quiere que yo diga que las he matado, pero eso es mentira.

—Usted era muy amable, excesivamente amable con las ancianas. Casi el ochenta por ciento de sus trabajos de fontanería los realizaba en domicilios de ancianas. ¿Qué tiene que decir a eso? Esta conversación está siendo grabada, señor Ruiz, y todo lo que diga, o no diga, puede ser empleado contra usted durante el juicio.

—Diga lo que quiera. Yo no he matado a nadie.

—Detrás de esa fachada de sangre fría, señor Ruiz, creo que hay una mente calculadora y fría. Las evidencias contra usted son irrefutables. Es inútil que intente negarlo.

—Le juro, señor juez que hacer el amor con una vieja es que me da asco. ¿Para qué querría yo estar con una vieja? Yo tenía a mi novia... Además, Madrid está lleno de chicas guapas muy jovencitas... Perdone, es que...

—¿Está llorando usted, señor Ruiz?

—Perdone, perdone...

—Suspenderemos el interrogatorio durante media hora, si así lo desea.

—No, no... no importa. Usted se porta muy bien conmigo. Gracias, muchas gracias.

—¿Podemos continuar?

—Sí.

—Funcionarios de la policía judicial bajo mis órdenes han mostrado su fotografía a los parientes y vecinos de todas las ancianas fallecidas de muerte natural en su barrio durante los últimos dos años. Exactamente cuarenta y siete ancianas. Bien, hemos encontrado un número muy alto, más de veintidós ancianas fallecidas, cuyos parientes y vecinos lo han reconocido como el fontanero o el albañil que entraba en sus casas. Solamente tenemos pruebas para acusarle de dieciséis, pero hay fundadas sospechas de que el número de ancianas asesinadas por usted es mucho más alto.

—Yo no me como esos marrones. De eso nada.

—De momento lo han reconocido innumerables testigos, señor Ruiz. Parece ser que usted ha sido un simpático y eficiente fontanero. Al menos, usted estuvo en las casas de dieciséis de estas ancianas fallecidas de aparente muerte natural. Las correspondientes autopsias han demostrado que fueron asesinadas a sangre fría, intentando no dejar huellas.

—¿Cuántas serán mañana? A lo mejor me hace responsable de la muerte de todas las viejas de Madrid. Soy fontanero. Y me daba igual quién me llamara para las chapuzas.

—Usted no hacía solamente chapuzas, señor Ruiz.

8

Está en jueces, señor Julio. En comunicación con el señor juez de Instrucción y su secretario. Han venido hasta aquí para interrogarle. Pero están tardando demasiado. ¡Ay, me tienen preocupada!

El despacho de la enfermería estaba desierto, con olor a alcohol y a yodo. Baldomero se sentaba frente a una mesa cubierta por los impresos de partes médicos. Todo estaba limpio.

Los ruidos de la prisión, que tanto intrigaban a Julio, seguían escuchándose constantes, como un tren avanzando en la lejanía.

Baldomero suspiró y Julio añadió:

—¿No sabes cuánto tardará?

—¡Ay, señor Julio!, ¿cómo voy a saberlo yo? Me tiene muy preocupada Fernando, ¿sabe? Eso de estar tanto tiempo en jueces no es bueno.

Julio se había sentado en la silla libre, al lado de Baldomero. Colocó la cartera y el magnetofón sobre la mesa y sacó el paquete de cigarrillos y la lata de atún que le servía de cenicero. Le ofreció uno a Baldomero y los dos fumaron en silencio.

—El señor juez que instruye su caso tiene un vozarrón muy alto y se le oye todo. No he tenido ni que acercarme a la puerta. Se le entendía todito. Ahora el pobre Fernando va a tener que comerse todas las viejecitas que hayan muerto en Madrid.

—Dime una cosa Baldomero. ¿Conoces bien a Fernando? Parece que sois muy amigos, ¿no? Él me ha hablado mucho de ti.

—¿Sí? ¿Le ha hablado de mí? ¿Y qué le ha dicho, señor Julio?

—Bueno, que erais amigos, que te enterabas de todo lo que ocurre aquí dentro.

—Eso sí que es verdad, señor Julio. Yo me entero de todo, pero no se lo voy contando a todo el mundo. Tengo que ser muy cuidadosa, aquí hay mucho cabrón, mucho asesino que pasa de todo. Bueno, y luego igual te acusan de ser una chota de los boquerones y te la lías. Son capaces de rajarte.

—Me ha encargado que busque a su verdadero padre. Un tal Fernando Seoane. ¿No te parece un poco raro todo esto?

—Bueno, algo de eso me ha comentado, sí. Pero no sé nada más. ¿Ha encontrado ya a su verdadero padre, señor Julio?

—No, todavía no. Escucha, Fernando me ha dado a entender que en patios lo han sentenciado a muerte. ¿Es verdad eso?

—Uy, sí, ya lo creo. En patios no se habla más que de Fernando. En quién va a tener más cojones que nadie y rajarlo. Hay uno, sobre todo, al que llaman «Rascayú», que anda diciendo que Fernando mató y violó a su madre y que tiene que vengarse. Ese «Rascayú» está como un cencerro. Ni siquiera conoce a su verdadera madre, nació en la inclusa, fíjese usted, pero se le ha metido en el terrazo que han matado a su madre y que ha sido Fernando. Y lo malo no es eso, no. El «Rascayú» se está haciendo un baldeo con una cuchara robada de comedores. Yo se lo he dicho a Fernando, señor Julio, se lo juro, pero como el que oye llover, sin importarle. Cualquier día me lo matan, ¡ay, Dios mío!

—¿Estabas aquí cuando trajeron a Fernando, Baldomero?

—¿Que si estaba yo aquí? Yo me he criado aquí, señor Julio. Hace mucho que he olvidado el tiempo que llevo aquí... Mire, recuerdo la noche en que lo trajeron como si fuera ayer mismo. Cien años que pasaran, pues igual me acordaría. Muchas veces, cuando me aburro, me voy a Entradas a ver las cundas. Y la noche en que lo trajeron, pues estaba yo allí. Hay veces que a los presos hay que darles sedantes o necesitan tratamiento médico, ¿no?, además, las cundas me distraen un poco. Bueno, lo que le decía, aquella noche estaba yo en Entradas y me lo veo llegar. Ese hombre con esos ojos tan tristes, con esa carita de pena que traía, el pobre, y tan altivo él, tan superior a todos... Y me entró una cosa por el cuerpo... Bueno, en realidad yo ya estaba curiosa por verlo, ya sabía de él. En patios se había corrido la voz de que lo iban a traer a este trullo. Como había salido en televisión su captura y todas esas cosas, pues una estaba curiosa, verdad. Además había como un morbazo, porque usted sabe que los violadores están mal vistos en los talegos... Bueno, le sigo contando... En realidad en todo el trullo, pero en todito el trullo había como una expectación para ver cómo era ese violador que se había cargado a tantas viejecitas. Lo que le decía, nada más verlo en la cunda me quedé prendadita de ese pobre chico. Me entró un sofoco que ya no lo pude ni mirar. Qué hombre, señor Julio, qué tristeza tan grande guarda.

—Parece que nada más llegar tuvo un percance en patios, ¿no?

—Usted no debe hacerle tanto caso. Los presos mentimos más que hablamos.

—Bueno, pero algo ocurrió, ¿no es cierto?

—Mire, aquí el reglamento dice que los recién llegados, mismamente como Fernando, tienen que ir a la Séptima Galería. Bueno, pues me lo destinan a la Tercera sólo para que se jodiera. Lo colocan junto a los maleantes más maleantes, los narcos... en fin, lo peorcito.

—¿Crees que hubo mala intención?

—¡Anda, a ver, si no! Y yo se lo dije al señor jefe de Servicio... Le dije que Fernando iba a durar menos que un bizcocho en la puerta de un orfanato, que iba a ser un descrédito para Instituciones Penitenciarias si se lo cargaban. Ya era bastante famoso, y seguro que saldría su muerte en los papeles. Todo eso fue antes de que usted viniera por aquí, señor Julio.

—Bueno, pero ¿qué pasó?

—Le juro que les dije a los boquis que la muerte de Fernando sería un baldón para nosotros. Que nuestra responsabilidad ante la Constitución y el Derecho, era cuidar la vida y la integridad de la población reclusa. Una no es una analfabeta, señor Julio.

—¿Tú estabas en patios o te lo han contado, Baldomero?

—Yo no puedo ir a la Tercera sin un pase. Yo me muevo por la Séptima y por Enfermería... ¿ha puesto el magnetofón, señor Julio?

—Si no te importa, me gustaría grabarlo.

—¡Uy, a mí qué me va a importar! ¿Y saldré en el libro?

—Claro que sí.

Baldomero se aclaró la garganta y cruzó las piernas. Apagó la colilla del cigarrillo en la lata de atún que había traído Julio.

—¿Qué quiere usted saber, señor Julio?

—Lo que ocurrió aquel día en el patio.

—Bueno, aquí el reglamento dice que el recién llegado se tira tres días en celdas sin salir a patios ni a comedores. Se queda en celdas, solito. Al cabo de los tres días el recluso tiene una entrevista con el director, al que llamamos el doble y, después... ¡Ay que me da no sé qué hablarle a este bicho!

—Pero, hombre, Baldomero, no lo mires, háblame a mí. Si te da vergüenza no mires al magnetofón.

—Yo soy muy vergonzosa, no se crea usted. Le juro que me están entrando unos calores que...

—Venga, cuéntalo de una vez.

—Bueno, yo le dije a un amigo que tengo en la Tercera, y que me debe bastantes favores, que me contara todo de Fernando, todito. Porque yo, señor Julio, como ya le he dicho, no puedo cambiarme de Galería. Este amigo, al que llamamos «La Pecadora», está destinado a Economato y puede moverse un poquito para arriba y para abajo... Bueno pues le dije que estuviese al loro y que me lo contara todo, de pe a pa. Y él me lo contó. Dijo que cuando salió el primer día a patios y a desayunos parecía el Arcángel San Miguel de lo guapo y bien maqueado que iba y todo el mundo se le quedó mirando. Él se sentó en su banco y empezó a migar el pan en el tazón ese que nos dan, que dicen que es café con leche condensada. Partía el pan a trocitos pequeños como tiene él por costumbre, mirando a todo el mundo, pero sin que se le note... Nadie le dijo nada, ni nadie se metió con él. Pero él debió oler el peligro porque cuando salió a patios, después del recuento, no se metió para un rincón como es costumbre de los nuevos sino que se plantó en medio del patio ojo avizor, ¿entiende, señor Julio? Bueno, en eso que se le acercaron tres como a pedirle candela, que es la costumbre que hay para matar a alguien. La cosa es así. Uno pide candela y cuando se la ofrecen, el otro le sujeta la mano. Entonces, el que va de matador le clava el pincho en el cuello, en la carótida o en el tercer botón de la camisa, donde el pincho entra fácil. Mientras tanto, otro hombre, el tercero, vigila. Por eso se llama hacerle a uno el tres o la tercera.

—¿Ésa es la forma que tienen de matar?

—Sí, señor Julio. Le llaman darle a uno la tercera o el tres.

—¿Y se lo hicieron a Fernando?

—Sí, señor Julio, el primer día que bajó a patios. Y entre tres, como se suele hacer. Uno sujeta las manos, el otro pincha y el tercero está al loro por si hay algún boquerón cerca. Pero fíjese cómo estaban las cosas que ese día no había ningún boqui cerca, qué casualidad. Bueno, según me contó «La Pecadora», a los asesinos les salió el tiro por la culata, malamente. Mejor se hubiesen quedado en sus chabolos esos cabrones. Bueno, nada más pedirle candela, Fernando empezó a gritar llamando a los boquerones. Y ahí se jodió todo el invento.

—¿Estás seguro de que lo querían matar, Baldomero?

—¿Cómo no voy a estarlo? Me lo contó «La Pecadora» de pe a pa. El mismo jefe de Servicio los sancionó con un parte de pelea y alboroto y entonces sí que sacaron a Fernando de la Tercera y lo trajeron aquí conmigo, a la enfermería. Desde que Fernando está aquí, esto es otra cosa. Todos esos cabrones que se cachondeaban de mí y me perdían el respeto con eso de que tengo la menstruación, pues se callaron. Ya no me llaman Baldomera cuando Fernando está cerca. En cuanto se corrió la voz de que es mi hombre, chitón todo el mundo.

—Explícame eso de que ya no se ríen de ti, Baldomero.

—Bueno, me da un poco de vergüenza decirlo, pero yo tengo la menstruación, sabe. Cada treinta días, poco más o menos. Yo soy bastante regular.

—Y Fernando y tú...

—Fernando es mi hombre. Bueno, yo lo soy todo para él. Aquí no tiene amigos... Bueno, usted, señor Julio. También está usted, pero usted es de fuera. ¿Entiende?

—Sí, lo entiendo. ¿Y tienes la menstruación, Baldomero?

—Sí, señor Julio, sí que la tengo.

Baldomero se puso en pie y comenzó a desabrocharse los pantalones. Julio lo agarró del brazo.

—Te creo, Baldomero, te creo.

—Le puedo enseñar el pañito.

—No hace falta.

Baldomero se sentó despacio.

—A mí me van mejor los támpax, sabe. Tamaño pequeño, pero ya me he cansado de escribir peticiones pidiéndolos. Para que se cachondeen de una, pues no. Me aguanto con pañitos y ya está.

—Y Fernando te protege, ¿no es así? Anda, cuéntamelo.

—Es un verdadero hombre, señor Julio y estoy cada vez más loquita por él. No he querido a nadie como lo quiero a él. Si me dice que me mate por él, lo hago, soy suya, enteramente suya. ¿Sabe usted lo que es estar enamorado de alguien, señor Julio?

—Bueno, supongo que alguna vez habré estado enamorado. Estuve casado... pero hace tiempo.

—¿Está divorciado, señor Julio?

—Ella vive en Barcelona.

—Yo soy contraria al divorcio, señor Julio. Que se rompa una familia no es bueno, es peor que un crimen. Y los niños sufren mucho, muchísimo.

—No tuvimos hijos.

—Por eso se divorciaron, seguro. Todas las mujeres, toditas, queremos tener hijos de los hombres que amamos. Si alguna le dice otra cosa, no haga caso.

—¿Y tú quieres tener un hijo de Fernando?... ¡Eh, pero no te pongas colorado, hombre! ¿He dicho algo malo?

—Perdone pero no puedo hablar de estas cosas tan íntimas, me entra un... disculpe usted.

—He sido muy brusco. No te preguntaré nada más.

—Señor Julio es que... mire, con las visitas del señor juez de Instrucción me estoy poniendo mala de los nervios. Igual me lo mandan a una de esas cárceles de alta seguridad y no lo vuelvo a ver. Y eso no lo voy a poder aguantar.

—Venga, cálmate, por favor.

—Es usted muy bueno, señor Julio. Da gusto hablar con usted.

—¿Cómo es la vida de Fernando aquí en la enfermería, Baldomero?

—¿Aquí? Pues ya lo ve usted... No está mal del todo... Tiene el chabolo aquí, en «Curas» que está bastante bien. Está solo, que es importante, tiene su camita, sus cuadernos y ese libro, la Enciclopedia, que siempre está estudiando. Se pasa el día escribiendo.

—¿Sí? Pues vaya, no sabía yo que a Fernando le gustase escribir... A mí me cuenta su vida, pero no me da nada escrito. ¿Sabes qué escribe?

—No, señor. Sus cosas, supongo... Bueno, copia ese libro. Usted me había dicho que le contara lo que hace, ¿no? Aparte de escribir y leer, se hace su gimnasia todas las mañanas, como media hora o así. Yo se lo tengo todo relimpio, como a él le gusta, reluciente como los chorros del oro, y sus sábanas planchaditas... Por las mañanas, cuando no viene usted, le veo hacer su gimnasia en calzoncillos, que da gusto verlo. Luego le paso la toalla con agua por todo el cuerpo, una cosa que a él le gusta mucho, porque a limpio, todo hay que decirlo, no le gana nadie. No es como esos tíos que hay por aquí, más guarros que la mar... Bueno, ya me he liado. ¿Qué me estaba preguntando?

—Te había preguntado cómo es su jornada diaria.

—¡Ah, sí, la jornada!... pues eso, hace su gimnasia, como media hora o así y luego yo le paso la toalla y... ¿sabe usted? Hay veces que me tiemblan tanto las manos que casi no puedo pasarle la toalla y él me dice «Baldomero, tío, ¿qué te pasa?» y yo no sé qué decirle de la emoción que...

—No te líes, Baldomero.

—¡Uy, sí, es verdad!... Bueno, luego le traigo el desayuno, su yogur, sus frutas y el cafelito. Pero cafelito del bueno, de la cantina de funcionarios, no esa mierda que dan aquí.

—¿De dónde sacas esas cosas? Una cárcel no es un supermercado.

—En el economato hay de casi todo, menos alcohol... Y yo... bueno, yo soy muy buscavidas... ¿Tiene carrete el aparato?

—Sí, continúa.

—Pues eso, después del desayuno y del recuento, viene don Calixto, el doctor, y revisa a los enfermos y a los que están de baja. Vamos cama por cama, Don Calixto y una servidora y Fernando que es un poco el celador, el ayudante de enfermería, ¿no? Desde que está Fernando se acabaron el cachondeo y las malas palabras y las guarrerías que me hacían. Porque, aunque esté a mal decirlo, yo gusto a los hombres, señor Julio... No se impaciente, que sigo... bueno, cuando se acaba la revisión, yo he apuntado todo lo que me ha ido diciendo don Calixto, las medicinas que hay que darles, las bajas, las altas... en fin, todo. Luego pasamos consulta y Fernando va apuntando los nombres en el estadillo, es como mi ayudante. Después toca recuento y comedor y cada mochuelo a su olivo. Eso si no hay una emergencia, porque aquí todo el mundo está zumbado y casi todos los días hay alguien que se china o se traga cosas, para que lo destinemos al hospital. Cuando no hay más remedio llamo a Fernando, pero si no, lo dejo en el chabolo escribiendo y venga a escribir. Y así van pasando las horas, los días, señor Julio.

9

La tierra era gris, color ceniza. Pero de lo que más me acuerdo es del olor a pelo quemado. Había una llanura polvorienta y los matojos salpicaban de manchas la tierra. A lo lejos se elevaban al cielo delgadas columnas de humo. La mujer me llevaba en brazos y debía de ser noche de luna llena porque tengo grabados en la memoria gestos insignificantes, sombras agazapadas en el polvo y sonrisas desde el suelo, a pesar de la oscuridad terrible que se cernía sobre nosotros.

Yo me apretaba a ella, extrañado de que aquella noche no la viese desnuda junto a mi abuela. Sentía el golpeteo de su corazón bajo el vestido liviano y la tersura hinchada de su pecho mientras caminaba descalza, levantando aquella tierra que parecía el rescoldo de un vasto incendio.

Por todas partes aparecían y desaparecían bultos humanos que cuchicheaban entre sí, a veces se reían y luego se agachaban hasta confundirse con el terreno.

Y los pies descalzos de la mujer hundían el polvo como si siguiera un camino preestablecido, apartando matojos, dejando atrás siseos y miradas furtivas.

Nos acercamos a un círculo de bultos negros que salmodiaban algo que se repetía y se repetía. Era un sonido monótono y sin sentido pero que parecía mantener a aquellos bultos extrañamente unidos. El rumor era apenas audible aunque estábamos cerca. Más bien parecía el barboteo uniforme que produce un insecto al volar.

La mujer y yo llegamos a aquel corro de sombras y éstas se abrieron para que pudiéramos sentarnos. La mujer comenzó a murmurar lo mismo que los demás y yo me sentí sumergido en aquel sonido.

Si me preguntaras si tuve miedo —a pesar de lo pequeño que era— te respondería que no. No, no tenía miedo. Me sentía muy cómodo, adormilado y extrañamente feliz.

En medio de aquel círculo había algo que llamaba mi atención. Era la silueta de un animal de pelo negro y reluciente, de ojos brillantes como ascuas. No podía apartar mis ojos de él. No lo había visto nunca y sin embargo me era familiar.

Alrededor de aquel animal entrevisto danzaba un hombre con una túnica negra abierta. Llevaba en la cabeza un extraño sombrero que parecía la cornamenta de una cabra. El hombre alto agitaba los brazos sin ruido y estaba desnudo bajo la túnica.

Su sexo erecto sobresalía cada vez que se retorcía en su danza. Sus pies trazaban dibujos que no parecían surgidos al azar. Desparramados por el suelo vi cruces rotas, objetos que aún hoy no he podido identificar, vasos sagrados, y un remedo de altar.

La mujer se despojó de sus ropas hasta que quedó desnuda. Entonces me di cuenta de que todos los presentes también lo estaban, formando un grupo compacto de cuerpos apelotonados. Ella me alzó sobre su cabeza y también me despojó de mis ropas.

Gritó, lo recuerdo. Un grito desgarrador. La danza de aquel hombre y los siseos de los presentes cesaron al instante.

Dijo algo en voz alta con una voz que no parecía la suya. Un sonido ronco y chirrioso que no era su voz de siempre. Le respondieron los demás. Algunos comenzaron a retorcerse por el suelo, emitiendo chillidos apagados, sacando la lengua y girando los ojos.

El animal aquel, negro y enorme, bramó y se movió y lo vi en todo su esplendor. Era el Unicornio. El Gran Cabrón con un solo cuerno en medio de la frente.

La mujer, desnuda y resbaladiza por el sudor, me acercó a él despacio, muy despacio. Aún hoy —a pesar del tiempo trascurrido— me estremezco al sentir su olor y su presencia.

Al llegar a menos de un palmo, el animal volvió a bramar mucho más fuerte y se puso en pie sobre sus patas traseras.

Era mucho más alto que un hombre y se mantuvo derecho y de pie, observándome. Entonces, me di cuenta.

Su pene parecía una lanza brillante que apuntara a aquella mujer.

El círculo de personas comenzó a aullar, a retorcerse más y a bailar alrededor del grupo que formábamos ella, yo y el Unicornio.

No sé cuánto tiempo estuvimos así porque todo aquello ha quedado en mi memoria algo confuso, mezclado con los sueños. Sin embargo recuerdo con nitidez el cuchillo en las manos del hombre de la túnica, el tajo certero en el cuello del animal y el caño de sangre espesa y caliente que cayó sobre la mujer y sobre mí.

El Unicornio bramaba con todas sus fuerzas mientras agonizaba y la sangre caliente nos bañaba.

Y te lo juro, Julio, poco a poco, segundo a segundo, empecé a crecer.

Mi cuerpo se cubrió de pelo negro e hirsuto y mis

manos se convirtieron en pezuñas. Era más alto que cualquier hombre. Un cuerno surgió en medio de mi frente.

Y yo también aullé y bramé, convertido en el nuevo Unicornio. Y todos, incluida la mujer, danzaron alrededor mío, rindiéndome pleitesía, aceptando ser mis esclavos, poniéndose bajo mis órdenes.

10

Poco tiempo después nos trasladaron en tren a Málaga y de allí embarcamos a Melilla en un transporte militar. Íbamos todos apiñados en la bodega, sentados en el suelo, y el barco se movía como un garbanzo en la boca de un viejo sin dientes. Yo nunca había ido en barco, aunque soy de Santander, de modo que subí a cubierta y le pedí al teniente Casado que me dejara estar allí, mirando las olas y las gaviotas que seguían al barco graznando.

El teniente Casado me concedió permiso para hacerlo y me tiré todo el viaje contemplando el mar gris y espeso, las olas que subían y bajaban soltando espuma, esa inmensidad que parecía no tener fin.

El barco cortaba el agua, hundiéndose y subiendo, avanzando hacia África, lejos de lo que había sido hasta entonces mi vida.

Según me iba alejando, el corazón me brincaba más y más de alegría. Empezaba una nueva vida con documentación verdadera. Atrás, muy atrás se quedaban la caseta de tiro al blanco, el recuerdo de mi abuela muerta, «El Mono», mi madre y, sobre todo, lo que ocurrió en Almansa, que te lo contaré en otra ocasión.

Yo ya era alguien. Alguien a quien se le tenía respeto y admiración. Todos los hombres de mi batallón me conocían, sabían quién era yo. Incluyo suboficiales, oficiales y jefes.

Y no digamos los hombres de mi compañía, con el teniente Casado al frente. Para ellos yo era su héroe indiscutible. Estaban orgullosos de tenerme a mí en la compañía y por nada del mundo hubieran permitido que me marchara a otra unidad.

Los oficiales hablaban de mí, decían que tres o cuatro hombres como yo en el Tercio y se acabaría la mala prensa que tenía la Legión entre los civiles y los otros cuerpos militares. Yo era un ejemplo que se comentaba para que en el futuro se fomentasen las disciplinas gimnásticas y las competiciones deportivas, como acicate para formar buenos Caballeros Legionarios.

Me puse por primera vez el honroso uniforme legionario en Málaga, antes de ir al puerto y formar en pelotones y compañías. Fue una experiencia maravillosa. Todos, firmes, mientras la banda del regimiento —que había acudido a recibirnos de Melilla— tocaba himnos marciales y otras marchas militares.

Los más altos formaban en cabeza, dando ejemplo de marcialidad y el teniente Casado, habilitado ya para capitán —sable en mano como comandante de nuestra compañía— ordenaba con voz clara y potente:

—¡Atenta compañía, fiiiiirmes...ar!

Y ciento cincuenta hombres al unísono, sin un fallo, chocábamos los talones de las botas.

—¡Atentaa... cooompañía... cabezaaa variación izquierda, maaaarchen ... ar!

Y la banda arremetía con la música, mientras desfilábamos por el muelle en dirección a la pasarela del barco. El público se arremolinaba en la explanada del puerto y nos aplaudía.

Al entrar en el barco, nos íbamos separando por secciones y nos acomodábamos en las bodegas con nuestros petates, pero sin armas, porque aún no habíamos jurado bandera y todavía no éramos auténticos Caballeros Legionarios.

Gracias a mi victoria en el combate de boxeo, yo iba habilitado para cabo, me lo había comunicado el teniente Casado. Aunque no tenía los galones, todo el mundo me trataba con el respeto debido, cuadrándose cuando se dirigían a mí.

Como ya te he dicho, me tiré toda la travesía en cubierta, apartado de los demás, pensando en mis cosas, en todo lo que dejaba atrás y en que, por fin, había conseguido mi lugar en el mundo.

Sería legionario, Caballero Legionario el resto de mi vida. Militar. No habría mujeres en ese mundo, no habría esos seres ladinos y tortuosos. En la vida militar las cosas estaban muy claras, como suelen ser las cosas de los hombres. Los inferiores obedecen a los superiores y ya está. Unos a mandar y otros a obedecer sin discutir jamás.

En Melilla el regimiento se acuartelaba en un lugar llamado «Batería Jota», al lado de la frontera con territorio marroquí. El cuartel lindaba con las alambradas. Al otro lado veíamos las casuchas de los moros, las tiendas de campaña donde vendían de todo y los lavaderos donde, por unas pesetas, mujeres moras nos lavaban la ropa.

Mi regimiento era el «Luis de Recasens», un héroe de la guerra contra Marruecos que había dado la vida por España asaltando, él solo, un blocao atiborrado de enemigos.

El cuadro del Caballero Legionario —laureado con la Gran Cruz de San Fernando— se encontraba en la sala de oficiales y representaba al legionario entrando en el blocao con el cuerpo atado con bombas de mano y disparando su fusil, mientras los moros enemigos retrocedían horrorizados ante tanta valentía.

Eso era lo que nos contaban en las clases teóricas que yo aprendía a la perfección. Las recitaba sin perder una coma, con lo que pronto fui el primero de la compañía, lo mismo que en instrucción, gimnasia y comportamiento.

En tiro y manejo de armas no logré el número uno porque había un legionario miembro del Tiro Olímpico, pero conseguí un puesto muy honroso. El haberme criado en una caseta del tiro al blanco tenía sus ventajas.

El día de la Jura de Bandera fue el más hermoso de mi vida. Ya era un Caballero Legionario. Mejor dicho, un cabo segundo Caballero Legionario. Me hicieron efectivo el galón al otro día de la jura. Y me dieron el mando de una escuadra, cinco hombres.

Pronto, mi escuadra fue la primera en salir de los dormitorios al toque de diana y en formar en el patio. La mejor en hacer la instrucción y la más marcial. No toleraba un botón fuera de sitio, una mancha en el uniforme, la mínima insubordinación. Las guardias de mi escuadra fueron las mejores del regimiento.

En aquel cuartel éramos unos mil doscientos hombres entre tropa, suboficiales, oficiales y jefes. El regimiento lo mandaba el coronel García Robles y había dos batallones, el número Uno y el Cuatro. Cada batallón constaba de cuatrocientos hombres, poco más o menos. Mi compañía era la cuarta del primer batallón que constaba de ciento treinta hombres, divididos en cuatro secciones, mandadas por tenientes. Tres secciones de infantería, más una cuarta de apoyo, con artillería antiaérea y contra carros.

Los mil doscientos hombres de aquel cuartel me conocían. Los que habían estado conmigo en Madrid y los más veteranos de Melilla. Todos sabían de mi combate de boxeo y de mi victoria y me trataban con respeto. Y cuando digo todos, quiero decir todos, del coronel para abajo.

Pero el que me hubieran hecho cabo tan rápidamente produjo algunas envidias.

Había otro cabo en el cuartel, llamado Huertas, que empezó a decir que si él hubiese estado en Madrid, hubiera hecho papilla al campeón madrileño. El cabo Huertas era un veterano, llevaba seis años en la Legión —dos reenganches— y era alto y muy ancho. Pesaba ciento treinta kilos y no parecía gordo. Gastaba barba rojiza y ojos de loco y su diversión particular era reírse de los novatos.

Su especialidad era ponerlos firmes y decirles que tenía que hacer un experimento con ellos para saber si serían buenos paracaidistas. Entonces los levantaba en vilo y los lanzaba contra la pared, entre las risas y las cuchufletas de los veteranos.

Claro, a mí no me lo había hecho porque yo era cabo, un cabo como él y en teoría no se me podía considerar un novato, aunque lo fuese.

Bueno, pues un día me retó delante de mi escuadra. Me dijo que me preparase que tenía que probar conmigo mi aptitud para ser un buen paracaidista. Yo le contesté que lanzara a su puta madre.

Verás, decirle eso al cabo Huertas era como firmar tu sentencia de muerte. Y, claro, me retó a «El Beso».

«El Beso» es una forma de lucha típica de la Legión. Consiste en atarte las manos a la espalda y unirte al contrincante con una cuerda que se ata al cuello, de forma que ninguno de los dos pueda salir corriendo o huir. Se lucha a rodillazos, patadas, cabezazos y mordiscos, de ahí el nombre de «El Beso».

Se corrió por el cuartel que Huertas y yo nos íbamos a dar «un beso» y empezaron las apuestas. La mayoría creía que el cabo Huertas me mataría. Era más pesado, más alto que yo y más fuerte. También tenía más práctica en esta modalidad de lucha. Había resultado invicto contra todos sus contrincantes durante seis años en la Legión.

La única condición que yo puse fue que no vistiésemos el uniforme y él aceptó.

El día señalado fue un domingo, día de permiso en el cuartel, a las cinco de la tarde y en la zona mora, detrás de las chabolas, en las arenas de la playa.

A las cuatro cuarenta y cinco ya estábamos allí. El cabo Huertas se había llevado a cuatro compinches que alborotaban y se reían, explicando que en cuanto Huertas acabara conmigo se irían de putas a gastarse el dinero de las apuestas.

Yo no fui con nadie. No tenía amigos y, además, no los necesitaba.

El cabo Huertas fue con el uniforme completo. Yo me desnudé, quedándome en calzoncillos. Cuando me preguntaron por qué hacía eso, contesté que no quería estropearme la ropa con la sangre de Huertas. Todos rieron y el que más, el cabo Huertas que me mostraba las pesadas botas de reglamento, del número cuarenta y cinco, como diciéndome: «Con éstas te voy a patear.»

Huertas y sus amigos empezaron a reírse porque yo parecía empalmado, del bulto tan grande que me sobresalía. Pero yo no estaba empalmado, ni nada de eso. Yo siempre he sido muy dotado de pene, incluso de niño, pero, claro, ellos no lo sabían.

—Te voy a reventar, recluta —me dijo—. Y luego nos la vas a mamar a todos.

Uno de los compinches del cabo Huertas me ató las manos a la espalda y otro se lo hizo a su jefe. Luego, con un cordel de dos metros, nos hicieron lazos corredizos en el cuello.

Enseguida me di cuenta de la táctica de Huertas. Consistía en tirar de la cuerda, empleando los poderosos músculos de su cuello, para tenerte en el radio de acción de sus botas y matarte a patadas. Pero a mí no me pudo alcanzar.

Yo estaba casi desnudo y descalzo y comencé a esquivar sus botas.

La presión de la cuerda en mi cuello me estaba produciendo llagas y un dolor insoportable. Casi no podía respirar, la carne me quemaba y el aire apenas entraba en mis pulmones. Pero a él le pasaba lo mismo.

El cabo Huertas era mucho más fuerte que yo, pero yo era más ágil, más escurridizo.

El tío se reía a mandíbula batiente y tiraba de la cuerda. Yo saltaba de un lado a otro, esquivando sus patadas.

—¡Eh, reclutita, ven para acá que te voy a dar un besito, anda, ven, no huyas! —me decía.

Y sus compinches se retorcían de risa:

—¡Cabo, muérdele la boquita, dale un mordisquito y arráncale la lengua!

—¡Ven para acá, cabrón, no huyas! —me gritaba una y otra vez.

Y te lo juro, Julio. Allí, en aquella sucia playa, me vinieron a la cabeza las palizas que me daba «El Mono» cuando era niño. Empecé a pensar que el cabo Huertas era «El Mono» que me quería pillar para deslomarme a golpes.

Mi abuelo llegaba todas las noches borracho a la caseta de tiro al blanco, donde dormíamos mi abuela y yo y la empeñaba a golpes conmigo, llamándome mamón. Me agarraba del cuello y empezaba la lluvia de golpes.

¿Te lo figuras? Yo calentito, durmiendo con mi abuela, bien abrazado a ella y de pronto, ¡blam!, la puerta que se abría y «El Mono» que la emprendía a golpes conmigo. Yo intentaba soltarme, patearle la cara, pero claro, era muy niño y «El Mono» tenía una fuerza animal.

—¡Éste es mi sitio, mamón! ¡Qué haces con mi mujer, fuera de aquí! —me solía decir.

Mi abuela ayudaba en lo que podía, diciéndole que me soltara, que la cama estaba caliente para él, que fuera con ella. Pero él me arrastraba hasta la puerta y me echaba fuera. Y me quedaba allí, encogido de frío y lleno de golpes.

Casi siempre «El Mono» regresaba al amanecer o bien entrada la mañana, de manera que yo solía irme del lado de mi abuela cuando rayaba el alba.

Fíjate Julio lo que son las cosas. Aún hoy me sigo despertando un poco antes de que amanezca, como si llevara un reloj dentro.

Aquellos días en los que mi abuelo me pescaba durmiendo no se me olvidarán jamás.

En la puerta de la caseta tenía que oír las risas y los jadeos animales de mis abuelos sobre el colchón de goma espuma.

No te puedes ni imaginar el asco que me entraba.

Aquella tarde en la playa de Melilla sentía el mismo asco y el mismo odio. Todos mis músculos, vísceras y nervios clamaban para destrozar al cabo Huertas. No para darle un escarmiento con una monumental paliza, como él quería hacer conmigo, sino para matarlo. El romo cerebro del cabo Huertas codificó esa señal. Yo estaba allí para destrozarlo.

Dejó de lanzar bravatas. Resoplaba y procuraba ahorrar fuerzas. Se estaba agotando. Yo tenía el cuerpo lleno de morados y erosiones que habían provocado sus patadas, pero estaba mucho más descansado que él.

Tiró de la cuerda una vez más y yo me lancé hacia

la izquierda. La soga se enrolló en su cuello y comencé a girar y a girar. Tiré hacia atrás y su rostro se volvió más cárdeno aún. Sus ojos se abrieron de par en par, las vértebras de su cuello se rompieron y cayó de rodillas.

En el suelo, tiré aún más de la cuerda. La sangre estallaba en el interior de mi cerebro, pero el cabo Huertas agonizaba sin poder respirar.

Su rostro pareció hincharse y de pronto la barba se tiñó de la sangre que le manaba de la boca. Los ojos casi se le salieron de las órbitas.

Movió las piernas en los últimos estertores y murió con una especie de mueca grotesca en la boca. Yo pasé mis manos atadas por delante y me quité la soga del cuello que me había producido un círculo de sangre. Los compinches del cabo Huertas aún no habían reaccionado.

—Desnudadle y llevadle a la escollera. Ponedle una botella vacía a su lado y lanzadle al mar.

Me hicieron caso al instante. Tres días después apareció su cuerpo hinchado y violáceo, medio comido por los peces, a seis kilómetros del cuartel. Lo descubrieron unos pescadores.

Nadie me achacó esa muerte, pero todos supieron que el Unicornio estaba con ellos.

11

Yo no soy violento.

—Los testimonios de su vida indican lo contrario.

—Eso es mentira.

—¿Quiere que le lea las declaraciones de su ex esposa? ¿Y las de su suegra?

—Eran cosas de chiquillos. Yo tenía dieciocho años cuando me casé. Además, mi suegra era un veneno, estaba contra mí.

—Su matrimonio duró apenas un año y su ex esposa ha declarado... «Me pegaba mucho, muy fuerte por celos y porque decía que yo no quería hacer uso del matrimonio con él... Se iba con mujeres y no me daba dinero... mi madre lo tuvo que echar de la casa, que era nuestra... Nunca ha querido a su hijo. Ahora tiene doce años y nunca le ha escrito, ni una simple llamada de teléfono, nada... La vida con él fue un infierno...» ¿Quiere que le lea las declaraciones de su suegra, señor Ruiz?

—Mi suegra era peor que mi mujer.

—Su vida está llena de actos violentos contra las mujeres. Tendré que recordarle que hace dos años, en 1987, salió usted del penal de Ocaña, después de pasar allí ocho años. Fue usted condenado en 1979 a veintisiete años de reclusión por un delito consumado de violación y tres tentativas. Las víctimas contaban entre dieciocho y cincuenta y cinco años.

—Las mujeres me perdonaron.

—Es inútil que siga usted negando la violación y muerte de las dieciséis ancianas. Ahora fíjese en los objetos que se encuentran sobre esa mesa. ¿Los reconoce?

—Sí.

—Señor secretario, por favor enumérelos.

—Objeto número uno: un gatito de peluche gris con resortes mecánicos que camina hacia delante y hacia atrás y abre y cierra la boca. Objeto número dos: muñequita de porcelana vestida con el traje típico aragonés. Objeto número tres: otra muñequita, de goma, sin ropas, con brazos y manos movibles. Objeto número cuatro: cochecito de lata, antiguo, que representa un modelo Citroën de los años cincuenta. Objeto número cinco: tres peinetas de carey para sujetar el cabello. Objeto número seis: pisapapeles de sustancia plástica transparente con pueblo en miniatura en su interior que al moverse produce el efecto de una nevada. Objeto número siete: reproducción en sustancia plástica de la Torre Eiffel. Objeto número ocho: cenicero con la inscripción «Robado en Casa Cándido, Segovia». Objeto número nueve: pastorcillo y cuatro ovejas, de barro cocido y policromado. Objeto número diez: otra muñequita de cartón policromado, antigua, con vestido completo. Objeto número once: colección de siete postales, «Las maravillas del Universo». Objeto número doce: camión volquete de plástico. Objeto número trece: Mickey Mouse y Pato Donald de goma en muy mal estado. Objeto número catorce: barco transatlántico de plástico insumergible. Objeto número quince: colección de seis automóviles miniatura, denominados «Mini Cars». Objeto número dieciséis: ratoncito de peluche con dispositivo mecánico para moverse. Objeto número diecisiete: cajita con doce lápices de colores marca Alpino. Objeto número dieciocho: osito de peluche marrón con un lacito rojo en el cuello, al que le falta un ojo. Objeto número diecinueve: costurero pequeño, de rafia, lleno de alfileres largos con cabeza de colores. Objeto número veinte: reproducción fosforescente de la Virgen de Covadonga. Objeto número veintiuno: reproducción de un plato con cuchara y tenedor de madera y la inscripción «Recuerdo de Compostela». En el plato, la reproducción de la Catedral de Santiago de Compostela, y objeto número veintidós: caballito de cartón enjaezado con un jinete que representa un rejoneador.

—¿Se ha dormido, señor Ruiz?

—No, estaba pensando.

—¿Se puede saber en qué pensaba usted?

—Eso es asunto mío.

—Está bien, señor Ruiz. ¿Reconoce todos estos objetos numerados del uno al veintidós encontrados en su domicilio?

—Sí.

—De modo que los reconoce como suyos, ¿no es cierto?

—Sí.

—¿Dónde los compró, señor Ruiz?

—No me acuerdo.

—No se acuerda usted. Muy bien. ¿Ha viajado usted a Galicia, señor Ruiz?

—No.

—Este Juzgado de Instrucción tiene interés en saber cómo o dónde adquirió usted todos estos objetos numerados del uno al veintidós.

—No lo sé.

—¿Se reitera usted en su respuesta?

—Sí.

—¿Para qué los tenía usted, señor Ruiz?

—¿Cómo que para qué los tenía?

—Exactamente, señor Ruiz. ¿Para qué los tenía?

—No lo sé. Los tengo, eso es todo. Me gustan.

—Le gustan, muy bien. ¿Y por qué le gustan? Usted tiene treinta y dos años. A esa edad no parece factible que a usted le guste jugar con muñequitas como si fuera un niño.

—¡No soy un niño! Los... los tenía para... para adornar.

—¿Acaso eran recuerdos de algo?

—No lo sé.

—No sabe si eran un recuerdo de algo o no, ¿verdad?

—No, no lo sé.

—Díganos otra cosa, señor Ruiz. ¿Como fontanero no ha viajado usted por España?

—No me gusta viajar. Después de salir de la Legión estuve en Santander y... Bueno, al salir de Ocaña me vine para Madrid y aquí me quedé.

—Entre sus cosas hemos encontrado una carta y unos dibujos rudimentarios de unas casitas y un campo. La carta, incompleta, está dirigida a una tal Encarnita Moreno. ¿Quién es esa señora?

—Por favor, señor juez, es una carta antigua. De hace... bueno, mucho tiempo. A nadie le interesa.

—También hemos encontrado otra carta, dirigida a un tal Antonio y unos dibujos. ¿Ese Antonio es su hermano, señor Ruiz?

—Yo nunca le he escrito a mi hermano. Y a usted no le interesa esa carta.

—Se equivoca, señor Ruiz. Todo lo que le atañe nos interesa. Le recuerdo que está usted ante un juez de Instrucción y que está acusado de dieciséis asesinatos con los agravantes de violación.

—Esos dibujos y las cartas son cosas mías. Recuerdos de cuando yo tenía doce años.

—Tiene usted derecho a no contestar, pero no diga lo que interesa o no a este Juzgado de Instrucción... ¿Por qué se pone en pie, señor Ruiz?

—Me quiero marchar. Me siento mal, señor juez. Me duele mucho la cabeza. Usted quiere que yo le diga que he robado todas esas cosas de las casas de las viejas, ¿verdad? Está intentando que caiga en una trampa. Algunos de esos juguetes son míos de toda la vida, otros fueron regalos. No recuerdo quién me los ha regalado.

—La mayor parte de esos objetos han sido reconocidos por parientes de las víctimas. Al igual que los pendientes, dijes y cadenas de su novia.

—Devuélvame esas cartas, se lo pido por favor.

—Las cartas a Encarnita Moreno y a Antonio no tienen fecha, al igual que los dibujos, pero parecen antiguos. ¿Escribió usted esto?... Señor secretario, por favor, lea.

—Con la venia, señoría... «Querida Encarnita, no te enfades conmigo ni con mi abuela. Mi abuela es bruja y por eso se ha enterado que yo no he ido nunca a la escuela y de la idea que teníamos con Antonio. Yo no se lo he dicho puedes creerme ha sido ella con sus poderes que le da el Tarot. Dijo que me marchara enseguida con mis padres, pero no ha sido culpa mía te lo juro, tú eres la única amiga que tengo y me lo paso muy bien contigo, voy a darte esta carta si te veo mañana en el parque porque no tengo tu dirección. Mis abuelos...»

—Basta, no siga leyendo. Son cartas personales. No tienen nada que ver con las viejas.

—Deje de leer, señor secretario.

—Tampoco la carta a Antonio. También es personal.

—De acuerdo. Señor secretario, las cartas y los dibujos serán entregados al señor Ruiz como objetos personales y serán retirados del sumario.

—Sí, señoría.

—Se los entregaremos, señor Ruiz. Pero antes, siéntese y conteste a nuestras preguntas. ¿Los objetos antes reseñados, pertenecían a las ancianas asesinadas?

—Sí.

—¿Por qué los cogió?

—No lo sé. Los cogí, nada más.

—La mayoría han sido reconocidos por familiares directos de las víctimas. Otros, no. ¿Ha asesinado usted a más ancianas, señor Ruiz? ¿A cuántas exactamente ha matado usted? ¿Veinte, veinticinco?

12

Le abrió un hombre con una camisa negra, abotonada hasta arriba, y un chaleco de rayas amarillas. Julio dedujo que era una especie de mayordomo o ayuda de cámara. El hombre se echó a un lado y le hizo pasar a un recibidor amueblado con maderas oscuras y espejos.

—El señor Seoane le espera en su gabinete. Por aquí, por favor.

Julio lo siguió por un salón en penumbras cubierto por más muebles altos y pesados. Sentía un silencio espeso y recogido, como el silencio de los conventos de clausura. Un reloj de pared dio la media y Julio atravesó una larga alfombra hasta una puerta. El mayordomo o ayuda de cámara golpeó la puerta y una voz ronca dijo: adelante.

Julio entró a una habitación que se encontraba en penumbras. Tuvo que acostumbrar sus ojos para distinguir una sombra alta que le tendía la mano. Era un hombre huesudo, de nariz aguileña y vestía un batín rojo burdeos que parecía de seda.

Las paredes estaban cubiertas por estanterías repletas de libros, fotos enmarcadas, cuadros y objetos de arte que se confundían con la pared y los libros.

—Disculpe esta falta de luz, pero tengo los ojos

delicados y la claridad me hace daño. ¿Desea tomar algo? Pida lo que quiera y Agustín se lo servirá.

—No deseo tomar nada, gracias.

—¿Quiere sentarse, señor...?

—Bravo, Julio Bravo.

—Eso es... pero siéntese, por favor; estaremos más cómodos.

Julio tomó asiento en una butaca situada en un rincón del gabinete, frente a una mesita revistero. El hombre del batín lo hizo en otra butaca y cruzó las piernas. Bajo el batín llevaba un pijama a rayas y calzaba pantuflas de cuero. El hombre pareció adivinar el pensamiento de Julio y dijo:

—Disculpe que le reciba así, señor Bravo, pero casi nunca salgo de casa. Estoy, digamos que algo delicado de salud.

—Por favor, no tiene importancia. Le agradezco mucho que me haya recibido. No le molestaré demasiado, señor Seoane.

—No es ninguna molestia. Vivo solo y cualquier ruptura de la monotonía es un alivio. ¿Qué quiere de mí, señor Bravo?

—Verá, soy escritor y...

El hombre le interrumpió.

—¿Sí? Vaya, qué interesante, ¿y sobre qué escribe, señor Bravo?

—Bueno, escribo novelas del Oeste, señor Seoane, pero...

—¡Novelas del Oeste! —exclamó—. ¡Me encantan! Seguro que he leído alguna escrita por usted. Leo muchas novelas del Oeste.

—Escribo con seudónimos... Julius Petri, Sandor Koplan, Blaise Cendor...

Me parece que no he leído ninguna de sus novelas. Pero usted me dijo que quería verme para un asunto relacionado con mi prima, quiero decir, con el violador... El caso del violador de ancianas. Me apasiona el caso, ¿sabe? Recorto todo lo que sale en los periódicos.

Julio se adelantó en el sillón y apoyó las manos con fuerza en sus rodillas.

—¿Su prima?

—Ana Beltrán es prima mía... No nos veíamos mucho, claro está, pero al fin y al cabo era mi prima. Fue la primera anciana que el violador asesinó. Ahora parece que lo acusan de dieciséis crímenes más. Ese hombre tiene que ser un psicópata.

—No sabía de ese parentesco, señor Seoane.

—¿No? Disculpe, pero entonces no comprendo qué quiere usted de mí. Cuando dijo que deseaba hablar conmigo por un asunto relacionado con el violador supuse que era usted periodista.

—No exactamente. Estoy intentando escribir un libro sobre ese hombre, Fernando Ruiz Muñoz, el violador y asesino de ancianas. No sabía nada de su parentesco con una de las víctimas.

—Me extrañaba que usted lo hubiese averiguado. Pero ya sabe cómo son los periodistas, se enteran de cosas increíbles. La verdad, pensé que iba usted a hacerme una entrevista.

Julio se removió en la butaca.

—Lo que me trae a usted es un poco delicado y créame que no lo haría si no fuese porque he prometido cumplir el encargo. Me cuesta trabajo empezar. Le traigo un recado del violador, Fernando Ruiz Muñoz.

—¿Un recado para mí? Eso parece imposible. No lo conozco de nada —sonrió; sus dientes eran amarillos y grandes—. Debe de tratarse de un error.

—Me dio su nombre, Fernando Seoane Gálvez.

—Eso no quiere decir nada. Mi nombre está en la guía de teléfonos.

—Por supuesto, señor Seoane. El asunto es bastante... yo diría que ridículo. Pero le prometí que hablaría con usted.

—Muy bien. ¿Y qué quiere de mí ese psicópata?

—Dice que usted es su verdadero padre.

Julio aguardó la reacción. Había estado pensando en las muchas posibles reacciones que sus palabras podían ocasionar en su interlocutor. Risa, enfado, ira. Incluso pensó que podría hasta echarlo de la casa con cajas destempladas. Sin embargo, el hombre se mantuvo impávido. Si hubo alguna reacción, no la mostró.

—¿Eso es todo?

—En realidad desea que usted le busque un abogado de pago. Afirma que es usted rico.

—Comprendo. Quizá mi prima debió decirle algo de mí y él ha fantaseado. No soy rico, mi familia lo fue hace mucho tiempo. Yo vivo con cierta comodidad gracias a unas pequeñas rentas que me quedan. Y, créame, no tengo ningún hijo. Soy soltero.

—Le agradezco que se haya tomado esto con tanta filosofía, señor Seoane. Me temía lo peor. Figúrese, llega un desconocido y le trae semejante noticia.

—No tiene por qué disculparse. No es culpa suya. Y dígame, ¿cómo es ese señor que dice ser hijo mío? Usted debe tratarlo bastante, ¿no? Sólo conozco su foto gracias a los periódicos.

—Es delgado, fuerte, con la nariz grande, estatura media... Es un hombre melancólico, como asustado, triste. Tiene un pequeño defecto, sus brazos son un poco más largos de lo normal. Ah, y es muy listo... Mucho más de lo que aparenta.

—¿Y sabe usted por qué mató a esas ancianas, incluida mi prima Ana, señor Bravo?

—No sé siquiera si las ha matado. De todas maneras no me cabe a mí juzgarlo. Para eso hay jueces y tribunales.

—Mi prima Ana tenía ochenta y dos años, señor

Bravo, y fue violada y estrangulada. Ese psicópata asesino se hacía pasar por fontanero para tener libre acceso a los domicilios de sus futuras víctimas. La policía cree que ha cometido muchos más crímenes de los que le imputan. Ese hombre es un loco peligroso. ¿No tiene usted miedo, señor Bravo?

—Me necesita, voy a escribir un libro sobre él. Puede que esté loco, pero no es ningún estúpido.

—Leve esperanza esa.

—Es un riesgo que tengo que correr.

—De modo que un día ese loco va y le dice a usted que soy su padre y que tengo que buscarle un abogado y usted, sin más averiguaciones, llama por teléfono, se cita conmigo y me lo suelta en plena cara. No sé quién de los dos está más loco, señor Bravo, usted o él. Estoy tentado de llamar a la policía ahora mismo.

—No se trata sólo de eso, señor Seoane. Me dijo que siendo su madre soltera, ella y la abuela trabajaron en la casa de su familia en Villena. Años después, ya casada, usted visitó a su madre que, al parecer, es también sanadora como la abuela. Él afirma que fue engendrado por usted en aquella ocasión. Y disculpe mi lenguaje.

—Fuera de esta casa.

—No era mi intención ofenderlo. Me he limitado a transmitir un mensaje. Él no le pide nada, sólo que le busque un abogado. Sea culpable o inocente, tiene derecho a un abogado que le defienda.

—Le doy tres minutos para que abandone mi casa. En caso contrario, llamaré a la policía.

Julio se puso en pie.

—Por favor, señor Seoane...

—Fuera.

—¿Fue usted a visitar a la madre de Fernando en Santander, en 1957 para que le curara los ojos?

—¡Agustín, Agustín!

El mayordomo abrió la puerta como si hubiera estado escuchando la conversación.

—Contésteme sólo a eso, señor Seoane, se lo ruego. Me gustaría saber si Fernando me miente.

—Acompañe al señor Bravo. Tiene que marcharse.

—Señor Seoane, por favor.

—No tengo más que decirle. Buenos días.

13

La verdad, si yo hubiese seguido en la Legión hubiera llegado muy alto. Para ser cabo, lo normal era engancharse por tres años y tener buena conducta. Yo a los seis meses ya era cabo y me estaba preparando para los exámenes de cabo primero que tendría que pasar antes de un año. Con el galón amarillo de cabo primero ya eres considerado como suboficial, puedes entrar en la cantina de suboficiales y tienes derecho a una habitación individual. Dejas de dormir en el dormitorio de la tropa. Además ganas casi el doble que un cabo normal.

El capitán Casado me decía que si continuaba así, sin ninguna sanción, y el número uno en gimnasia e instrucción, sería sargento a los tres años. Tendría que hacer un cursillo de seis meses en Almería y elegir una especialidad. Yo me inclinaba por tanques, pero el capitán Casado me decía que eligiera transmisiones o paracaidismo, especialidades que tenían un plus de sueldo y que me abrían otras muchas posibilidades.

Los sargentos son, en realidad, los que mandan en la Legión. Ellos manejan toda la logística, la intendencia y la organización de las compañías, que son las células más importantes de cualquier ejército.

Los oficiales no se mezclan con la tropa, suelen

estar todo el día en el bar de oficiales —cuando van al cuartel— o en el Club Hípico montando a caballo o jugando al tenis y dejan todo el trabajo a sus sargentos. Es bastante probable que un legionario cualquiera se tire los tres años de enganche sin apenas haber visto a un oficial.

Los oficiales casi siempre estaban en Melilla, en el Café Metropol, en el Casino Militar o paseando con sus mujeres por la Avenida. En cambio, los sargentos y los brigadas se pasaban el día en el cuartel y en contacto directo con la tropa. La Legión la dirigían los sargentos. Me di cuenta de eso a los pocos días de estar allí.

Bueno, todo eso tenía que ver con los demás oficiales, pero no con el capitán Casado, el jefe de mi compañía. El capitán Casado llegaba a la compañía al toque de diana y se marchaba a la retreta. Y muchas veces acudía de noche a vigilar las imaginarias y las guardias nocturnas. Me acuerdo mucho de él. Antes de que aquella mujer lo estropease era un Oficial Caballero Legionario de una sola pieza, alto, muy fuerte, serio, con el cabello un poco rizado y un bigote fino que apenas le cubría el labio. Era diez años mayor que yo, recién pasados los treinta. Me hubiera gustado que el capitán Casado hubiese sido mi hermano mayor y no el Antonio, pero así es la vida. El capitán Casado fue lo más cerca que he estado nunca de tener un amigo, un verdadero amigo.

—Me gusta venir a tus guardias, Fernando —solía decirme—. Son las mejores del regimiento.

—A sus órdenes, mi capitán, sin novedad en la compañía —le contestaba yo.

—Descansa, Fernando, ¿un pitillo?

Yo lo aceptaba —que nunca he fumado— y charlábamos en la puerta del edificio de la compañía.

De los dormitorios llegaban los ruidos que producen muchos hombres durmiendo: ronquidos, estertores, lamentos, frases sueltas... Pero allí fuera, en la cálida noche de Melilla, el capitán y yo, fumando y charlando, éramos como una isla aparte entre tanta morralla y gentuza. El capitán me hacía algunas confidencias y yo le escuchaba con respeto y en silencio. Así me enteré de algunas cosas de su vida.

Provenía de una familia de militares. Su padre, su abuelo y su hermano mayor eran militares y él había elegido la Legión al salir de la academia militar para ascender rápido y estar en contacto con verdaderos soldados y hombres auténticos.

—Como tú, Fernando —me decía—. Eres, y te lo digo de verdad, la quintaesencia del espíritu castrense. Podías haber sido un buen oficial, el mejor oficial, Fernando.

A mí no me gusta hablar de mi vida, de lo que me ha pasado ni de lo que pienso y tú lo sabes, Julio. Nunca le he contado a nadie mis secretos, excepto estas entrevistas que me haces con magnetofón.

Aparte de ti, con el único que he hablado alguna vez de esas cosas fue con el capitán Casado, aquellas noches en las que yo mandaba el retén de guardia.

Tampoco le contaba todo, ni toda la verdad.

Le dije que mis abuelos regentaban una caseta de tiro al blanco y que íbamos de feria en feria. Que mi madre nunca me había querido, ni tampoco mi padre ni mis hermanos, menos Dolores.

Le expliqué por qué me había apuntado a la Legión. La terrible muerte de mi abuela una noche de tormenta. Le conté que a mi abuela se le cayó encima el techo de la caseta mientras dormía...

—Eso no me lo habías contado a mí, Fernando. Sabía que tu abuela y tu abuelo habían muerto, pero...

—¿No? No tengas prisa, estoy con el capitán Casado. Déjame continuar.

—Vale, sigue.

—Bueno, el capitán Casado se mostraba muy preocupado por aquello que le ocurrió a mi abuela, pues yo le dije que había sido eso lo que me impulsó a alistarme a la Legión. Él decía que debía de haber sido una muerte espantosa y yo le decía que sí, que fue espantosa, que la chapa del techo, al caer, le había seccionado el cuello como si fuese una guillotina. Y lo peor, le decía yo, no fue eso, sino el que yo estuviese fuera, en Albacete, arreglando unos permisos de la caseta.

—Perdona, Fernando, ¿cuántos años tenías tú cuando murió tu abuela?

—Ya era un hombre, tenía diecinueve. Pero deja de interrumpirme, que me hago un lío. Mira, a los dieciocho tuve unos problemillas en Santander, cosas de chaval, ¿no? me casé de penalti. Bueno, el caso es que me separé y volví con mi abuela a Almansa. No podía estar con mi familia. ¿Puedo seguir? ¿Por dónde iba?

—Hablabas del capitán Casado.

—Bueno, pues eso... el capitán me palmeaba la espalda con pena y me decía lo que yo tenía que haber sufrido... Figúrate, Julio. Llego al recinto ferial y me encuentro a un montón de gente alrededor de la caseta. Me acuerdo que llovía a cántaros. Me acerqué corriendo con un mal presentimiento y empujé a la gente. ¿Sabes lo que miraban con tanta atención? ¿Te lo figuras, Julio? Contemplaban la cabeza de mi abuela. Estaba allí tirada, en el suelo, con los ojos abiertos y como si se riera, ¿entiendes? Se conoce que la lluvia desprendió el techo y le cayó en el cuello. Fue como si se lo cortaran con una navaja barbera.

La noche en que se lo conté al capitán Casado, se quedó pensativo y me contestó que debió de ser horrible.

—Sí, mi capitán, fue horrible —le dije yo—. Muchas veces tengo pesadillas. Veo la cabeza de mi abuela que me habla, la veo con tanta claridad y es tan real, mi capitán, que yo también le hablo y ella me contesta. Ella me sigue aconsejando sobre la vida, mi capitán, que es como si no se hubiera muerto. Yo le he hablado de usted, mi capitán, y me ha dicho que usted, mi capitán, es buena persona.

—¿Y la cabeza de tu abuela te habla, Fernando? —me preguntaba el capitán y yo le respondía, sí, mi capitán, me habla en los momentos más importantes, no siempre.

—Julio, eso era, poco más o menos, lo que yo le contaba. Y aunque no era mucho, era lo que más le había contado jamás a nadie. Porque todas las noches en las que yo tenía retén de guardia, sabía que el capitán vendría a verme. A mí me alegraba esa amistad que el capitán me profesaba, vamos, la veía con orgullo.

Casi siempre era lo mismo. A eso de la una o una y media el capitán se acercaba a los dormitorios de la compañía y yo le daba el parte de incidencias nocturnas que era bastante parecido todos los días: algunas peleas, borracheras, faltas injustificadas de legionarios que se habían emborrachado tanto que luego no podían volver al cuartel... cosas así. Luego me ordenaba descanso y sacaba dos cigarritos. Uno para él y otro para mí y nos poníamos a charlar, allí en la puerta en medio del silencio del cuartel, que es la cosa más silenciosa que hay, mucho más silenciosa que la cárcel, que es como una caja de grillos.

No siempre hablábamos de nuestras vidas —la mayor parte de las veces él contaba y yo escuchaba—; a veces fumábamos en silencio sin decirnos nada o comentábamos cosas que habían ocurrido en el cuartel... algún arresto, lo mal que hacía la instrucción cierto oficial... luego, él tiraba el cigarrillo y daba por terminada la charla. Yo me cuadraba, lo saludaba y él hacía lo mismo y se marchaba al dormitorio de oficiales.

Otras veces, sin embargo, me preguntaba cosas. Decía:

—Fernando, cuéntame otra vez cómo fue aquello de tu abuela.

Y yo se lo contaba.

—Sí, mi capitán; estaba lloviendo en Almansa cuando medio montamos la caseta, porque nunca la montábamos del todo hasta que no tuviésemos los permisos en regla, era una costumbre de mi familia. Mi abuelo se fue a emborrachar a una taberna de los alrededores porque en Almansa teníamos muchos amigos y conocidos ya que, y no sé la razón, una vez vivimos allí un año entero.

Bueno, pues yo me arreglé y cogí el autobús de Albacete con un aguacero que casi no se veía la carretera. Mi abuela —a nadie le decía que era mi abuela, sino mi madre, el único que lo sabe eres tú, Julio— me fue a despedir al autobús y me dio un beso. No sabía yo que era la última vez que la iba a ver. Mi capitán, le decía yo al capitán Casado, me fui para el Gobierno Civil, rellené los impresos, enseñé la documentación de la caseta, pagué las pólizas, rellené los impresos... en fin, todo ese papeleo, y cuando estaba todo listo, pues me fui a dar un paseo por Albacete, que es una ciudad muy bonita.

—Sigue —me decía el capitán Casado—. Y cuando volviste, ¿qué?

—Seguía lloviendo, mi capitán. Una tromba de agua que caía del cielo, toda la tarde llueve que te llueve. Algunas veces me pongo a pensar que si no me hubiese dado ese paseo por Albacete, mi abuela seguiría viva ahora. También me pongo a pensar que si mi abuelo no hubiese sido un borracho, mi capitán, tampoco la abuela hubiese muerto. Pero el destino es el destino, mi capitán, y todo eso estaba escrito. Bueno, llegué a Almansa, a la estación de autobuses y seguía lloviendo. Me puse a andar y tuve un mal presagio, mi capitán, le decía al capitán Casado, así que me puse a correr y llegué hasta donde estaba la feria. Había un montón de gente alrededor de nuestra caseta, que estaba desmantelada. Cuando me vieron llegar, la gente intentó que yo no me acercara, pero yo les empujé, no me acuerdo bien lo que hice, creo que hasta golpeé a algunos.

Lo primero que vi fue su cabeza y luego me puse a buscar su cuerpo. Mi abuela estaba tumbada en el suelo, mi capitán, como si durmiera. Y cosa curiosa, sin sangre alrededor, el agua la había barrido y se la había llevado lejos. Pero, claro, sin cabeza. La cabeza estaba en la puerta de la caseta, por así decirlo...

No, espera un momento Julio, que me hago un lío. Lo que estaba en la puerta de la caseta era el cuerpo de mi abuela, sin cabeza y yo me puse a buscar la cabeza dentro de la caseta... Borra todo eso, Julio.

—No importa, tú sigue.

—Pues eso, que no aparecía la cabeza de mi abuela. No aparecía por ninguna parte. Me puse a buscarla por los restos de la caseta hasta que la encontré en un rincón. Se conoce que había rodado por el impacto del techo de lata que debía pesar sus ciento cincuenta kilos y se había escapado rodando.

Le juro, mi capitán, le dije aquella noche al capitán Casado, la cara estaba intacta, serena y más guapa todavía que cuando ella vivía, mi capitán, que era muy guapa aunque ya tenía sus años. Yo cogí la cabeza y la abracé y me fui con ella lejos, al descampado que rodeaba la feria y me escondí a llorar. La gente me buscaba a voces, pero yo no los oía, yo lo único que hacía era acunar la cabeza de mi abuela, mi capitán, porque no me podía creer que estuviera muerta. Me encontró la Guardia Civil en una hondonada y me dieron café y me trataron muy bien y se llevaron la cabeza. Bueno, mi capitán, la enterramos al otro día por la tarde. La metimos en la caja junto a su cabeza, y sus amigas, «Las hermanas de la luz», la lavaron y le pusieron un traje blanco de novia. Mi abuelo no fue al entierro, no se enteró de nada. Parece ser que se había emborrachado tanto que estuvo dos días inconsciente. La Guardia Civil lo buscó por todos los bares y tabernas de la región hasta que lo encontraron sin conocimiento, pero ya era tarde para que fuera al entierro. Mi capitán, le decía yo al capitán Casado, el cementerio se llenó de gente, enfermos a los que ella había sanado, «Las hermanas de la luz», muchos feriantes, mi padre, mi madre, mis hermanos... Y después, me apunté en la Legión...

—Hijo, hijo, que pareces dormido. ¿Has cenado?

—¿Qué?

—Que si has cenado.

... La metimos en la caja junto a su cabeza, y sus amigas, «Las hermanas de la luz», la lavaron y le pusieron un traje blanco de novia. Mi padre y mi madre...

—No, mamá. Estoy escuchando las cintas.

—Yo tampoco he cenado, hijo. No me ha dado tiempo y ahora tengo un poquito de hambre. ¿Sabes? Claudio le ha dicho por fin que la quiere. Bueno, le ha dicho a Mercedes que está loco por ella.

... La metimos en la caja junto a su cabeza, y sus amigas, «Las hermanas de la luz», la lavaron y le pusieron un traje blanco de novia. Mi padre y mi madre me dieron a entender que había sido culpa mía, vamos, como si hubiera sido yo el culpable. Y el cabrón de mi hermano Antonio se puso a decir que yo era un psicópata. Claro, había hablado con mi suegra, la veneno de mi suegra y...

Julio pulsó el interruptor del magnetofón y se volvió. Su madre era una figura encogida, vestida con un abrigo azul de entretiempo, medias y zapatos bajos negros.

—¿Qué te sugiere «Hermanas de la luz», mamá?

—Gente santa.

Julio se dio cuenta de la elegancia de su madre.

—¿Vas a algún sitio?

—¿Es que no me has oído? Voy al cine con Fina, su hijo le ha regalado dos entradas y su marido no quiere ir. Dice ella que para qué va a desperdiciar una entrada. Te preguntaba si has comido algo. A mí se me ha pasado cenar. A lo mejor tomo algo con Fina. ¿Crees que debo pagarlo yo?

—¿Necesitas dinero?

—Mil pesetas.

Julio metió la mano en el bosillo del pantalón y sacó varios billetes arrugados. Le entregó uno a su madre, que comenzó a alisarlo con los dedos.

—Está muy bien que salgas, mamá. Así te distraes.

—Menos mal que es la sesión de noche. No me perdería *Repulsión* por nada del mundo. Cada vez está más interesante, sabes. En cada capítulo ponen una incógnita nueva, algo que no se sabía antes y que te deja en ascuas, hijo, esperando la próxima entrega. Tú deberías hacer lo mismo en tu libro. Bueno, hijo, me marcho. Si cenas, déjalo todo en el fregadero, ya lo recogeré yo luego.

—No vuelvas muy tarde, por la noche refresca bastante.

Su madre alargó la mano y se la pasó, suave, por la cabeza, dio media vuelta y taconeó hasta la puerta.

Julio se mantuvo unos instantes inmóvil en el sillón de su escritorio, frente al magnetofón desconectado. Luego lo rebobinó y estuvo escuchando otra vez la parte en que Fernando le contaba lo del entierro, la terrible pelea con su familia, las amenazas.

Escuchó su propia voz en la cinta.

—Por cierto, se me olvidaba. Ese señor que dices que es tu padre, me dijo que Ana Beltrán era su prima. ¿Por qué no me lo has dicho? Se supone que estoy contando tu vida.

—Se me ha debido olvidar. La vieja era prima lejana de mi padre. Una especie de tía segunda.

—¿Sabe eso la policía?

—¿Se lo vas a decir tú?

—Claro que no, por supuesto.

Fernando se encogió de hombros.

—Le arreglé el lavabo y la cocina a esa vieja sin saber que era tía lejana mía. Una casualidad. Ahora dime otra cosa. ¿Le dijiste a mi padre que yo sabía que mi madre le curó los ojos?

—Sí, se lo dije. Y se enfadó mucho.

Fernando permaneció ajeno, la mirada fija en la ventana enrejada. Dijo, sin volverse:

—Mi madre estuvo más de una vez con él. Pero yo no lo supe. Me lo ocultó todo el mundo.

—Hay una cosa que me intriga bastante, Fernando. Es eso de «las Hermanas de la Luz». Las has mencionado varias veces.

—Creo que eran sanadoras, curanderas. Lo mismo que mi abuela. Echaban las cartas, adivinaban el futuro...

—¿Tu abuela era una «Hermana de la Luz»?

—Sí. Y mi madre también.

—¿Tu madre?

—Sí, mi madre. También era sanadora, «Hermana de la Luz»...

Julio se levantó del sillón. Corrió hacia el cuarto de baño con la mano en la boca. Pero no pudo llegar; vomitó sobre la absurda alfombra, que había traído su madre cuando... murió se padre y se mudó con él.

En el magnetofón seguía escuchándose la voz de Fernando.

— ... eres... eres mi amigo, Julio... te... te aprecio... no, no hace falta que... digas eso a la policía...

14

Un día mi abuela me llevó de vuelta a casa. Yo debía tener mis seis años cumplidos. Al principio le contaba a mis hermanos las aventuras con la caseta del tiro al blanco, pero pronto me olvidaron. Al principio me hacían caso por la novedad, pero pronto volvieron a sus cosas y yo seguía lo mismo.

Como mi madre y mi padre estaban todo el día fuera trabajando, era la hermana mayor Carmen quien nos cuidaba.

Nosotros no queríamos comer porque no teníamos ganas, pero mi hermana decía que si no comíamos nos metía en el gallinero, nosotros ni caso, ella no se lo pensó dos veces y nos metió. Nosotros empezamos a llorar pero como si nada allí encerrados con las gallinas toda la tarde; si no llegan a venir mis padres por la noche dormimos con los animales.

Nosotros entre hermanos, nunca nos hemos llevado bien, yo con la única que me llevaba bien era con la otra hermana Dolores de siempre y en la actualidad. Éramos los que más nos queríamos y los que más nos parecíamos según decía la gente, ella me sacaba a mí unos cuatro años de edad.

Fue transcurriendo el tiempo, ya cumplido los ocho años, veía entre la familia y hermanos mayores que había broncas cada dos por tres sin entender nada de nada.

Mi hermana la mayor Carmen, y mi hermano Anto-

nio el segundo se llevaban a matar entre los dos y no era porque mi hermana se metiera con él ni mucho menos, sino que era él, el que la molestaba siempre por la envidia que la tenía, la tramaba con ella por nada.

Una noche cenando todos juntos en el comedor con mis padres, sin más ni menos se levantó mi hermano de la mesa, cogió el garrafón del vino que estaba encima de la mesa y se lo estrelló a mi hermana Carmen en la cabeza haciéndola una buena herida que saltó la sangre por toda la mesa. Yo no sabía qué hacer, si llorar o largarme para el cuarto porque nos quedamos de piedra. Mi padre se metió a separarlos porque mi hermana se lanzó sobre mi hermano por haberla pegado sin motivo alguno, pero mi hermano le pegó a mi padre también y se lió más la cosa al meterse mi madre a separarlos.

Más tarde llamaron a la Guardia Civil del Castro, estaba el puesto de guardia a un Kilómetro de nuestra casa. Cuando llegó la pareja a casa mi hermano ya no estaba, se había marchado. Los Guardias Civiles se quedaron asombrados al ver el estado del comedor porque allí parecía que había estallado una bomba, cogieron unos datos y se marcharon.

A mi hermano lo cogieron a media noche, lo llevaron al cuartel dándole un repaso y tomarle declaración. Al día siguiente lo soltaron llegó a casa y nada más entrar por la puerta venía amenazando; dijo a mi hermana: que la próxima vez él iría a la cárcel pero que ella iría al cementerio porque la próxima vez la mataba y el que se pusiera por el medio llevaría el mismo camino que ella.

Nosotros llegamos a cogerle miedo, incluso mis padres porque no llegamos a entender lo que pasaría con ese comportamiento tan raro. Empezó a darle por la bebida, por llegar a las tantas de la mañana borracho a casa con amenazas y despertándonos a todos. Él tenía unos diecinueve años cuando aquello pero era muy agresivo.

Dejó los estudios porque dijo que quería trabajar pero se cansó pronto del trabajo; dejó de entregar dinero en casa y obligaba a mis padres que le dieran de comer y vestirle cuando necesitaba ropa. Un día mis padres ya cansados de aguantar esas amenazas de muerte cada dos por tres, le cogieron y le leyeron la cartilla, que así no podía continuar, pues éramos muchos y había que hacer algo, que se lo pensase bien. Le dijeron que buscara trabajo o que se pusiese a estudiar porque ellos le pagaban una carrera o de lo contrario que se marchara de casa porque la vida nos la hacía imposible. Él escogió por ponerse a estudiar una carrera y seguir en casa, mis padres le pagaban los estudios, él iba y venía normal. Un día llegaron noticias a mis padres comunicándoles de que mi hermano faltaba la mayoría de las veces a las clases y que ahorrasen el dinero que estaban pagando por él. Cada vez se fue desmadrando más, echándole mucha cara a la vida sin dar importancia a nada. Quería vivir del cuento y eso no podía ser, todo le daba igual hasta llegar a no hacer nada ni ayudar en casa. Mi hermana la mayor Carmen, empezó a trabajar en una fábrica de loza donde se hacía vasijas etc. Ya era otra ayuda más en la casa con el sueldo de ella pues lo entregaba todo en casa y se portaba muy bien con todos nosotros. Ella ya se fue echando novio; conoció a un chico que es carpintero ebanista, de nombre Leandro, por cierto muy buen carpintero pues sabía hacer de todo.

A mis padres este muchacho no les cayó nada bien, pero a mi hermana le gustaba y con quien se iba a casar él era ella y no mis padres, que por lo tanto que no se metieran en su vida, que la suerte o la desgracia iba a ser para ella. Mi hermana le presentó un día en casa para que le conocieran mis padres, pero así todo no quedaron muy contentos de que se casara mi hermana con él. Sin embargo a nosotros nos cayó bien por lo chistoso y simpático que era. Cada vez que venía a casa a buscar a mi hermana nos contaba algún chiste que otro, pasando un rato agradable con él hasta que se marchaban.

Llegó el día que decidieron casarse. Llevaban mucho tiempo de novios y querían hacer su vida. Mi hermana se fue quedando con la mitad de lo que ganaba para ir comprando el juego de novia etc. por cierto fue bastante grande el equipo que hizo, no la faltó de nada.

Llegó la fecha de casarse, fuimos todos a su boda, dando una comida en un restaurante, fue bastante agradable. En esa boda conocí a tías y tíos y primos que nunca había visto por lo que me sorprendió mucho porque nunca nos comentaron en casa nada de nada de primos o tíos. La suegra de mi hermana les cedió la casa donde ella vivía y se marchó a vivir con su hija pues el marido había muerto. Ellos la arreglaron a su modo y capricho para su convivencia.

Para mi hermana fue un golpe más en su vida por lo que había sufrido en casa por mi hermano. Fue a dar con un hombre que la daba unas palizas de cuidado. Se casó y Leandro cambió total su forma de vida, borracheras cada dos por tres y dejar de trabajar. Mi hermana no le podía decir nada porque enseguida le rompía la cara. Mi hermana siempre fue una mujer hecha y derecha, muy hogareña y trabajadora, pero él le hacía la vida imposible. Se la habló para que le dejara y se viniese para casa, se vino unas semanas a casa pero volvieron a unirse otra vez y a vivir solos de nuevo.

Empezaron a tener hijos, uno seguido de otro hasta llegar a tener seis lo pasaron muy mal porque apenas les llegaba el dinero para comer y mucho menos cuando él no iba a trabajar. Abusaba de que su madre les ayudaba económicamente todos los meses y encima les hacía un pedido de comida. A él que no le faltara el vino en casa porque lo demás cada vez le importaba menos. Mi hermana no compraba vino porque sabía lo que pasaba con él, la reñía por el vino y la pegaba delante de sus hijos pequeños, con la misma se marchaba cogiendo el poco dinero que había en casa y lo gastaba en borracheras por los bares regresando a casa a las dos y a las tres de la mañana, no le daba importancia si su mujer y los hijos tendrían para comer o no. Así mi hermana se tuvo que empeñar y pedir fiado en la tienda sin tener necesidad de ello para poder dar de comer a sus hijos.

El Leandro se compró una moto por lo que al poco tiempo tuvo un accidente perdiendo el conocimiento e invalido, quedó un poco trastornado. Transcurrieron unos años y se fue recuperando un poco pero como si nada, ya no era el mismo de antes. Mi hermana se tuvo que poner a trabajar de nuevo limpiando casas y portales para mantenerlos a todos incluido a su marido. Ella sola tenía que sacar la casa adelante, no paraba un minuto del día, porque tenía que atender su casa, los hijos y luego trabajar, por lo cual por las noches terminaba rendida y harta del trabajo. Al día siguiente se levantaba a las siete de la mañana para arreglar la casa, dar el desayuno a los niños y mandarlos al colegio al mismo tiempo marchándose ella a trabajar y el marido en casa sin hacer nada.

Había un colegio perteneciente a la fábrica de loza donde estuvo trabajando mi hermana y allí me metieron mi familia después que volviera de estar con mis abuelos.

El colegio estaba dentro de la fábrica y era para niños y niñas. A este colegio sólo podían entrar, aquellos que tuvieran algún familiar trabajando en la fábrica, un tipo de escuela privada particular. Era dirigida por un director que se llamaba: Sr. Pellón, y dos Srs. maestros: D. Antonio y Dª. Rosa de nombre, señorita para todo. Ella se encargaba de las niñas y D. Antonio de los niños. Muy buenos maestros los dos tanto como el director.

En este colegio estuve estudiando hasta la edad de los doce años. Luego, otra vez me echaron con los abuelos y fuimos a vivir a Almansa, pero eso ya lo contaré.

A mí no me gustaba personalmente mucho la escuela, pero nunca falté ni un día a clase. No se me quedaba nada en la mente, se me olvidaba todo. Por más que lo intentaba se me borraban las cosas de mi mente.

D. Antonio y la señorita Rosa, llegaron a cogerme

aprecio por lo competente que era en la escuela y el comportamiento, pero la verdad para los estudios era cerrado totalmente. A mí me mandaban hacer cualquier cosa o recados y lo hacía sin rechistar nada, no me importaba lo que fuera y no lo hacía por algún interés sino que era mi forma de ser, me gustaba trabajar y aprender cosas nuevas.

D. Antonio el maestro me tenía un poco en estima y ponía bastante interés en mí para no forzarme en los estudios por darse cuenta que no valía para estudiar. Es que era imposible para mí el estudiar porque no se me quedaba nada en la mente, se me olvidaba todo a los cinco minutos. Por eso me mandaban a hacer recados a la librería de Santander para comprar algún libro o cualquier artículo que hacía falta en el colegio.

En los recreos limpiaba la escuela y no era porque me lo mandaran sino que desde pequeño me gustaba mucho la limpieza y el orden. Las Gramáticas eran muy difíciles de aprender y no digamos Geografía e Historia, no me enteraba de nada ni comprendía la mitad de las cosas. El Catecismo tampoco me gustaba, no sólo a mí, sino al resto de los demás niños, se nos hacía pesadísimo e incomprensible.

Los jueves por la tarde nos tocaba Catecismo, era cuando más niños faltaban a clase porque no nos gustaba dar esas clases, llegaron a dejar de darlas porque nadie poníamos interés en ello. Cambiaron esa tarde de los jueves para que cada uno de nosotros cogeríamos noticias y luego contarlas en plan periodístico. Esto fue una de las clases que más nos gustaba porque cada uno mirábamos en buscar la mejor noticia (no valía copiarlas de la prensa) sino redactarlo a nuestro modo. Unos cogían noticias de los Deportes, otros de los Sucesos, etc.

Lo que se me daba bien, era el escribir, tenía una letra clara y ordenada pero con bastantes faltas de ortografía. Claro yo decía: que más da una letra que otra si al final se lee lo mismo, también me costaba escoger las palabras, pero la cosa era que mi letra la podía leer cualquiera de lo clara que era.

Yo cogí una manía que era copiar y copiar sin que nadie me lo dijera. Tenía una Enciclopedia Grado Elemental, que todavía la tengo, un libro que yo creo valioso como el que más. Casi todos los días me ponía a copiarlo para aprender y para que se me metiera en la cabeza. Ahora que soy un hombre, todavía la copio y la estudio con gran provecho por mi parte.

El dibujo se me daba bastante bien, pero en cuestión de caricaturas nada, era dibujo lineal más que nada por lo que un año me dieron un premio de fin de curso por dibujo.

El maestro y los compañeros me pusieron el mote de (el zurdo) porque todo lo hacía con la izquierda, con la derecha no sabía hacer nada. Poco a poco fui usando la mano derecha con bastante dificultad para aprender, llegué a aprender a escribir con la mano derecha pero para comer y demás juegos lo hago con la izquierda, luego se me olvidó escribir totalmente con la izquierda y hasta ahora.

Como tengo un pequeño defecto que son los brazos un poco más largos que los demás, me decían «El Mono» para hacerme sufrir igual que le decían a mi abuelo. A mí no me gustaba y siempre había grandes palizas entre los chicos de esa escuela por culpa de ese mote.

El maestro no me apretaba mucho para estudiar, ni me insultaba, ni se reía de que yo no supiese nada. Él veía que yo sufría por no aprender y me notaba preocupado, con miedo. Él me dejaba hasta donde yo daría de sí y de ahí no pasaba más. Me sacaba lo menos posible al encerado porque me cerraba en mi interior y no sabía ni lo que decir, algunos compañeros me ayudaban y a trancas y barrancas lo hacía. Siempre tuve miedo a la escuela por lo costoso que se me hacía.

En el recreo, un día me llamó el maestro para decir-

me que estuviese tranquilo, que nadie habíamos nacido sabiendo, que era un niño todavía y que ya tendría tiempo de aprender.

En los recreos me gustaba más estar sólo que con los demás niños, me sentía mucho mejor, más tranquilo, no podía soportar que riñeran o se pegasen por jugar o tener uno más que otro, yo eso no lo podía ver porque sufría en mi interior y tenía que pasar desapercibido para no verlo y me dedicaba a limpiar la escuela o dibujar o copiar la Enciclopedia. De vez en cuando echaba algún partido pues me gustaba jugar al fútbol y se me daba bastante bien.

De amigos sólo me gustaba tener sólo uno, porque dos no discuten si uno no quiere, algunas veces jugaba con los demás niños pero pocas veces. La verdad es que nunca en toda mi vida he tenido a alguien a quien decir: un amigo.

Al irse mi hermana la mayor cuando se casó, nos quedamos los cinco, mi madre hacía la comida por las noches para el día siguiente porque no le daba tiempo hacerlo todo el mismo día ni tan siquiera fregar los cacharros aunque le echaba una mano la otra hermana menor, pero así todo poco podía hacer; mi hermana Dolores estudiaba y poco paraba en casa también. Con mi hermano el mayor Antonio, no podíamos contar con él para nada, era como tener una figura de adorno en casa.

Los otros hermanos eran muy pequeños todavía y con ellos no se podía hacer nada; éstos eran muy revoltosos y siempre la tenían tramada conmigo, no había un día que no me hiciesen rabiar.

Estando un día en la terraza de casa que estaba a bastantes metros de altura, me empujaron al descuido para tirarme abajo, gracias a los alambres del tendal que me agarré a ellos no me caí abajo. Cuando conseguí soltarme fui donde ellos y los di unos buenos azotes, y les hice como si los fuera a tirar a ellos abajo, para empachurrarlos.

Primero se reían, pero luego no paraban de llorar, y vinieron unos vecinos gritando, diciendo que yo quería matar a mis hermanillos, pero había sido al revés. Eran ellos los que quisieron matarme.

Pero así es la vida, encima cobré yo por mis padres por haberles hecho eso. Yo no les di fuerte porque eran unos niños todavía, ni tampoco los quería matar, era para asustarlos. Pero claro como eran muy mañosos y llorones alertaron a los vecinos. Eran más los lloros que los azotes que les daba.

Yo le decía a mi padre del porqué les había pegado y de que era broma, un susto, pero ni caso, él cogió la correa y me puso bien, era lo suyo el pegarme con correa.

Nunca me dio unos azotes ni me reprendió con palabras, aquello era a base de correazos sin ninguna explicación.

Entonces fue cuando dijeron de mandarme otra vez con los abuelos a Almansa. Decían que yo tenía malas inclinaciones, que era el demonio y que no podía ser el hijo de mi madre ni de padre, sino el hijo del demonio.

Yo quería que mi madre me perdonase. Le empecé a ayudar a mi madre en las tareas de la casa, veía que no le daba tiempo a arreglar la casa y yo se lo hacía; cuando llegaba del trabajo se encontraba con las cosas hechas.

Yo siempre les decía a mis hermanos pequeños que aprendieran que no estaba de más aprender hacer las cosas de casa para el día de mañana, que supiera arreglármelas yo solo.

Mi madre empezó a cogerme como su niño preferido para todo, pero era mentira. A mí me gustaba siempre trabajar, estar activo, el resto de mis hermanos eran muy diferentes a mí o yo a ellos, me gustaba tratar más con personas mayores que de mi edad. Tenía doce años e iba dejando la niñez aparte porque me gustaba más la vida del más adulto porque se aprendía más cosas y no se discutía tanto como de niños.

Mis padres al ver mi interés por el trabajo, parecían querer perdonarme y no mandarme otra vez con los abuelos. Pero lo que hacían era aprovecharse de mí. Me cogían por banda para trabajar. Mi padre me decía que cuando saliese de la escuela le iría a ayudar a cavar huertas que él hacía también para el sembrado etc.

Los domingos me obligaba a trabajar con él para cavar en un terreno y yo pensaba que me habían perdonado, que no me iban a mandar con los abuelos. Pero lo hicieron y mi madre la primera. No valieron los lloros ni nada ni el ver que yo trabajaba como un burro y que estaba reformado. Una noche me llevaron al autobús para que volviese otra vez con los abuelos que tenían una casa en Almansa. Yo tenía mis doce años y en el autobús fui llorando todo el rato del odio tan grande que sentía para mi madre y toda la familia.

15

No le arreglé nada. Fui a su casa por hacerle un favor, se lo juro, señor juez. Siempre me estaba invitando a acompañarla.

»Me decía que estaba muy sola, que sus hijos eran unos desgraciados. Esa tarde me vio en el bar cuando pasaba por la calle, entró y me invitó a cerveza. Tengo testigos.

—Efectivamente. Tiene usted testigos, parroquianos del bar El Tropezón y su dueño, don Rosendo Gómez Aparicio. Todos están dispuestos a jurar en un tribunal que lo vieron hablar con doña Carmen Sarmiento Romero a las tres treinta de la tarde del diez de julio. Luego salieron juntos. ¿A dónde fueron, al domicilio de la mencionada señora?

—Me dijo que su marido se encontraba fuera. Que me invitaría a cerveza.

—Y usted la acompañó.

—Ya se lo he dicho, señor juez. Para hacerle un favor.

—¿Por qué la estranguló?

—Yo no he estrangulado a nadie.

—Dejemos esto. ¿Se acuerda ahora de otra señora, de doña Asunción Balaguer Tirado? Antes dijo que no se acordaba de ella.

—Le digo que no me suena ese nombre. Tiene usted que creerme.

—¿No recuerda a doña Asunción Balaguer? Usted ha visitado su casa varias veces para arreglarle la ducha, según declaran testigos. La última vez precisamente el doce de julio a las quince treinta y cinco de la tarde. Dos días después que estuviera con doña Carmen Sarmiento.

—¿Asunción... Asunción? Es que no me suena, señor juez. No puedo acordarme de todas las tías a las que les he arreglado las cañerías.

—Le refrescaré la memoria otra vez. A doña Asunción Balaguer la llamaban en el barrio «La Gorriona», al parecer porque de joven tuvo una pajarería en la calle del Fomento.

—«La Gorriona», sí. Esa vieja antes había sido puta. Bueno... de vieja también lo era.

—Pasemos por alto su vocabulario. ¿Reconoce entonces haber ido a su casa la tarde del doce de julio?

—El desagüe de la ducha estaba tupido de pelos y mocos. «La Gorriona» era una guarra.

—Le recuerdo que doña Asunción Balaguer tenía sesenta y nueve años, gozaba de buena salud y apareció muerta el catorce por la mañana, tendida en la cama, cuando una vecina entró en su domicilio, extrañada de su ausencia. Esa vecina le ha reconocido.

—Yo no le hice nada a esa... bueno, a esa puta.

—Modere su lenguaje, por favor. Esa persona está muerta. Tenga respeto.

—Disculpe usted, pero esa señora seguía siendo... verá, era prostituta. Puede usted preguntar en el barrio. Usted no me puede enchironar por eso. Cualquiera podría haber sido. Yo no he matado a ninguna puta vieja. Ni a «La Gorriona», ni a nadie.

—Si sigue manifestándose así, no tendré más remedio que acusarle de desacato a un magistrado de

Instrucción en el ejercicio de funciones. Otra falta de respeto y lo esposaré, señor Ruiz. ¿Lo ha entendido?

—Por favor, disculpe. No he querido insultar. Es que... bueno, era de la calle, una mujer de la calle. ¿Entiende?

—Bien, ha quedado suficientemente claro que usted no sólo conocía a doña Asunción Balaguer, sino que frecuentaba su casa a causa de su profesión de fontanero. Ahora conteste de una vez. ¿Visitó su casa la tarde del doce de julio? Varios vecinos atestiguaron su presencia en el inmueble.

—Le quité del desagüe una bola de pelos y mocos y hacía mucho calor.

—¿Qué ocurrió mientras estuvo allí?

—Se insinuó conmigo.

—¿Se insinuó?

—Todo el mundo en el barrio sabía que «La Gorriona» de joven había sido... bueno, ya se lo he dicho.

—¿Prostituta? No hay constancia de eso. Doña Asunción Balaguer era soltera y había regentado una pajarería en la plaza de Cascorro.

—Usted no ha vivido en mi barrio. Si no, sabría lo que era esa «Gorriona».

—Le recuerdo que no estamos dilucidando el comportamiento pasado de esa señora, sino el suyo.

—Le digo que era prostituta. Se tintaba el pelo de color rosa.

—¿Tiene inconveniente en responder a mi pregunta? ¿Qué ocurrió exactamente la tarde del doce de julio?

—Ya se lo he dicho. Fui a su casa a desentupir el desagüe de la ducha. Saqué una pelota de pelos y mocos.

—Usted ha mencionado que se insinuó con usted. ¿Quiere precisar un poco más, por favor?

—Hacía mucho calor y ella me dijo que me quitara la camisa.

—Continúe, por favor.

—Ya está. Me quité la camisa y «La Gorriona» se quedó en bragas.

—¿En bragas?

—Bueno, en pantaloncitos cortos. No hacía más que decirme que tenía mucho calor y que se quería duchar. Dijo que si no me daba prisa, se ducharía allí mismo. Delante de mí. Era una... bueno, dejémoslo.

—¿Y qué más?

—Empezó a sobarme, a decirme que estaba muy bueno y me masturbó.

—¿Quiere ser más explícito? Cómo le masturbó, ¿con la mano?

—Primero con la mano, después con la boca. Ya le he dicho que «La Gorriona» era una tía de la calle... Bueno, como todas. Todas eran unas tiradas.

—¿Qué entiende usted por «unas tiradas», señor Ruiz?

—Lo que entiende todo el mundo. En lenguaje sencillo, putas. Para que se me entienda, vamos.

—La autopsia ha revelado que doña Asunción Balaguer falleció a causa de un fuerte golpe en la sien derecha, propinado con un objeto contundente. ¿La golpeó usted con el puño?

—No me acuerdo. Cuando terminó de masturbarme, recogí mis herramientas y me marché.

—¿No le dio usted un puñetazo en la sien?

—Le he dicho que no me acuerdo.

—Ahora pasemos a otra cosa... tengo aquí... sí, esto es... el resultado de otra autopsia. Doña Josefa Collantes Martínez, de noventa y dos años. Murió asfixiada y no de un paro cardíaco, como se creyó al principio. El equipo de médicos que está realizando las nuevas autopsias ha declarado en un informe jurado que la mencionada señora fue violada anal y vaginalmente y luego asfixiada cerrándole la boca y la nariz, probablemente con la mano. Ésa fue la razón que, en la primera autopsia, se atribuyó a un paro cardíaco. Una confusión bastante comprensible, pero no excusable, dada la avanzada edad de la víctima.

—¿Por qué dice violada? Ella se abrió de piernas y no rechistó mientras yo se la metía. No sé por qué tiene que decir que fue violada. Más bien fue al revés. Ella me obligó a hacérselo.

—Y después la asfixió, ¿no es cierto?

—Empezó a decirme guarrerías y le tapé la boca. No puedo soportar las guarrerías, señor juez. No las aguanto.

—Y la asesinó.

—Me marché. Eso fue lo que hice.

—Reconozco que me cuesta trabajo ser imparcial con usted. Está usted declarando, por propia voluntad y sin coacción alguna, que hizo el amor con una anciana de noventa y dos años.

—Ella lo quiso, me lo pidió.

—Le desgarró usted la vagina y el ano.

—La tengo muy grande. ¿Qué pasa, no se lo cree?

—Es usted repugnante. Está poniendo a prueba mi formación jurídica, la imparcialidad con que debo actuar.

—Oiga, por favor, no vuelva a insultarme. Yo a usted no le insulto. ¿De acuerdo? Aunque sea juez no tiene derecho a llamarme nada.

—Bien, le pido disculpas. Sigamos, por favor. Usted...

—A ella le gustaba.

—¿Cómo ha dicho?

—Que a esa vieja, a la Josefa, le gustaba lo que le entraba. Y fue por su propia voluntad, ¡eh! Nada de violación.

—Habla usted de esas personas como si fueran...

—¿Insectos?

—... sí, insectos, moscas.

—Eso eran... moscas alrededor de la miel. Basura... y me provocaban, pensaban que podían jugar conmigo. ¡Ja, ja, ja! ¡Las muy estúpidas!... Y nadie puede jugar conmigo, yo soy más listo que todas ellas juntas.

—Dieciséis mujeres ancianas han sido, supuestamente, asesinadas por usted y ése es el comentario que hace... Sabía que era usted un monstruo, pero no hasta ese punto.

—¿Matarlas? ¿Violarlas? ¿De qué está hablando? ¿Para qué las iba yo a matar? Yo no he matado a nadie. Todas me tocaban, ¿se entera? Todas se calentaban nada más verme. Me seguían por la calle y se paraban a hablar conmigo, intentando calentarme... Me llamaban por teléfono... suplicaban que las dejara tocarme... Cuando veían mi miembro se volvían locas, peor que perras... Usted no tiene ni la más remota idea.

—Creo que ha quedado suficientemente atestiguado que usted hizo el amor con doña Josefa Collante Martínez y con las demás ancianas.

—Pero no maté a ninguna. Cuando empezaban a decirme guarrerías les tapaba la boca, cogía mis herramientas y me marchaba.

—Doña Emilia Tordesillas Blanco vivía muy cerca de usted. Tenía setenta y cinco años y apareció muerta en su cuarto de baño el pasado veintisiete de julio. La descubrió su hijo mayor que acudió a la casa cuando se extrañó de que no cogiera el teléfono. Se dictaminó en un principio que había muerto de un coma insulínico, ya que la anciana padecía diabetes. Sin embargo, a raíz de la publicidad que está teniendo su caso, una publicidad malsana, a mi juicio, los familiares han efectuado una denuncia en el Juzgado de Guardia que ha sido remitida a este Juzgado de Instrucción. Al parecer hay algunos vecinos que atestiguan que lo vieron acudir varios días de ese mismo mes a su domicilio, parece ser que para montarle una nueva ducha. Todavía no tenemos el dictamen definitivo de la autopsia que este juzgado ha ordenado, pero de forma provisional se nos ha enviado un informe. Doña Emilia falleció de un golpe propinado en la nuca con un objeto pesado o con el puño de un hombre. Al principio se creyó que el golpe que presentaba había sido causado por la caída. ¿Tiene algo que decir a esto?

—Igual que las demás. Pero no fui a montarle ninguna ducha. Fui a cobrarle una chapuza que lc hice el mes de abril. Me daba largas para no pagarme, la muy perra.

—Haré como si no hubiese oído nada. ¿La mató usted de un golpe en la nuca?

—Le dije que no quería hacer el amor con ella, hacía mucho calor y estaba cansado, pero ella insistió. Me dijo que la dejara actuar por su cuenta en mi bragueta y quiso mamármela. Me cabreé y la aparté y me fui sin cobrarle.

—Me está diciendo que la apartó, ¿no es cierto?

—Me ha oído perfectamente.

—¿No la golpeó con el puño?

—No, estaba viva cuando me marché. Ya le he dicho que no he matado a ninguna de esas tías.

—Hasta que no sea usted juzgado y condenado, o absuelto, usted es para nosotros el presunto asesino y violador de dieciséis ancianas. El principio de la presunción de inocencia es la piedra angular de nuestro ordenamiento jurídico. Por eso me permito decirle que faltan siete días para que nombre a usted a un letrado para su defensa. Como ya sabrá usted, si no lo hace tendrá que aceptar a uno de oficio. Bien, ¿qué dice?

—Ya lo sé, señor Juez. Y le doy las gracias por su amabilidad. Mi padre me pagará al mejor abogado penalista de España. Aún quedan siete días, el plazo no se ha acabado.

16

El colegio estaba a la salida de Villena, al otro lado de la carretera, detrás de la gasolinera. Mi abuela me llevó dando un rodeo por el pueblo una hora antes de que abrieran las puertas. Nos sentamos en la tierra dando la espalda a las casas, con las miradas fijas en los edificios blancos, la gran puerta enrejada y los patios del recreo.

Recuerdo que soplaba un vientecillo suave y que yo no estaba nervioso, sino un poco a la expectativa. Aquella mañana mi abuela me había vestido con ropa limpia y me había comprado zapatos y calcetines.

Mientras me peinaba me dijo que estaba más guapo que un sol y que ya era un hombre.

Aquel año extraño mi abuela decidió que yo volviera a la escuela. Ignoro, también, por qué no quiso que yo fuera a la escuela de Almansa, muy cerca de nuestra casa, sino a la de Villena, a la que tenía que acudir en el autobús de línea y regresar con el mismo medio de transporte al atardecer.

Lo único diferente de nuestra estancia en aquel pueblo era que mi abuela ya no se desnudaba por las noches. En Almansa, mi abuela recibía en casa a hombres y mujeres para sanarlos y leerles el futuro.

Antes, cuando yo era más pequeño y viajábamos

por otros lugares, a veces les leía el futuro a algunos feriantes o les curaba con su imposición de manos, pero eso pasaba raramente y en circunstancias excepcionales. Su actividad de sanadora se desarrolló, sobre todo, en Almansa. Yo nunca pregunté por qué eran así las cosas y ella nunca me lo explicó,

Venía gente de todas partes que formaba cola alrededor de la casa. Mi abuela primero las curaba y después les echaba las cartas sobre el viejo tapete negro que guardaba celosamente y que nunca sacaba excepto para ese menester.

Los curaba untándose la mano izquierda de aceite y colocándosela al enfermo en el bajo vientre, donde decía mi abuela que residía «el soplo de la vida». Yo era el encargado de hacer guardar la cola y de que entraran en casa por orden.

Antes de entrar estaban enfermos y tristes y al salir parecían sanados y alegres. No sé cómo lo hacía mi abuela o qué métodos empleaba, aparte de la imposición de manos, pero era así.

Lo sé porque una vez me puse enfermo de beber agua ponzoñosa y el vientre me reventaba de dolor. Entonces mi abuela me tendió en el suelo, empezó a murmurar palabras poco comprensibles y me fue quitando la ropa. Yo apenas sí podía mantenerme quieto de los dolores.

Recuerdo que se untó la mano de aceite que llevaba en una botellita de cristal negro y me la colocó en el bajo vientre. Poco a poco los dolores remitieron hasta desaparecer. Me dijo que me vistiera y que fuera a vomitar. Le hice caso y expulsé un torrente de líquido negro y apestoso.

La casa tenía un dormitorio con una cama muy grande, una cocina comedor y, en el patio, un corral semi derruido que utilizábamos como retrete y garaje de la camioneta y almacén para las escopetas, el saco con los balines, las cintas, los regalos, las bolsas de caramelos y peladillas, el tocadiscos y su único disco, rayado y viejo, pero que aún se dejaba escuchar.

El asiento de la camioneta se convirtió en nuestro sofá. Mi abuela había comprado unos cuantos muebles más y utensilios de cocina y algunas otras cosas.

La casa estaba siempre reluciente de limpia, y como «El Mono» continuaba escapándose a sus borracheras —a veces faltaba dos y tres días seguidos— mi abuela y yo vivíamos prácticamente solos.

Yo dormía con mi abuela en la gran cama del único dormitorio, pero cuando estaba mi abuelo me iba al asiento de la camioneta y me acostaba allí. Por las mañanas me quedaba en la puerta y atendía a los enfermos que mi abuela sanaba en el dormitorio, tendiéndolos sobre la cama, y recogía el dinero —siempre la voluntad— que ellos quisieran darnos.

Los días eran así estupendos. No tenía nada que hacer. Pero un día mi abuela me compró ropa y me dijo que ya era un hombre y que tenía que ir a la escuela.

Me acompañó al autobús y juntos llegamos a Villena.

Era muy temprano. Caminamos un buen trecho alrededor del pueblo —aún no sé por qué mi abuela no quería atravesar los pueblos, ni las ciudades— hasta que nos detuvimos detrás de la gasolinera, frente a la nueva escuela, al parecer recién construida.

Nos sentamos en la tierra en silencio y así estuvimos casi una hora, hasta que vimos que alguien abría la cancela y empezaron a entrar niños. Entonces mi abuela me entregó una talega con una fiambrera llena de comida, una hogaza de pan y mi Enciclopedia, que nunca me separaba de ella.

En el colegio de la fábrica de loza había aprendido algunas cosas, pero no muchas. Sabía contar bastante bien, sumar cantidades pequeñas y restar, pero no sabía multiplicar ni dividir. Entendía algunos carteles con letras grandes y escribir bastante bien, pero despacio. Algunas veces era capaz de deletrear las frases de periódicos viejos que llegaban hasta nuestra caseta, pero no sabía leer ningún libro, fuera de la Enciclopedia.

Allí, sentado en la tierra, mi abuela me dio un beso y me dijo que me portara bien y que preguntara por el maestro Remigio Fernández. Ella había apalabrado con él mi estancia en la escuela.

Luego me entregó el dinero para que yo pudiera coger el autobús de vuelta y se marchó.

Yo atravesé el descampado hacia la escuela con mi talega de comida y mi libro bajo el brazo. No estaba nervioso ni intranquilo, más bien curioso por conocer a otros niños y esa escuela nueva.

Sobre todo quería conocer niños. Yo nunca me había relacionado con niños. Mis hermanos y los chicos de las escuelas en las que había estado antes no contaban. Quería amigos nuevos.

Entré en la escuela muy despacio, mirándolo todo. El patio de entrada estaba lleno de niños de todas las alturas que jugaban y gritaban lanzándose las carteras. Un hombre parecía cuidar de ellos con un silbato. Le pregunté a él que dónde estaba el maestro Remigio Fernández y me miró con cara de haberlo ofendido. De malas maneras me dijo que todavía no había llegado y yo me fui a un rincón a esperarlo.

Poco a poco los niños fueron desapareciendo del patio hasta que me quedé solo, junto al hombre del silbato. Cuando me divisó sentado en un rincón se puso a gritarme, sin que yo entendiera nada. Le dije que si había venido ya el maestro Remigio Fernández y continuó con la misma actitud, enfadándose cada vez más.

Como yo permanecía aparentemente tranquilo, se fue calmando, me pidió el nombre y me dijo que yo a él no le engañaba, que yo lo que quería era escaparme de la escuela.

Por fin, después de que se cansara de decir tonterías, me indicó que don Remigio —insistió mucho en el don— se encontraba en el aula 23, en la segunda planta. Le di las gracias y entré en la escuela propiamente dicha.

Lo primero que sentí fue el olor y, después, el sordo rumor que surgía de ella. El olor era una mezcla extraña a muchos cuerpos, saliva y goma de borrar. El olor de todas las escuelas.

El ruido era difícil de clasificar. Era menos intenso que éste de la cárcel, menor que el motor de la camioneta al ralentí, pero parecido.

Encontré el aula 23, golpeé la puerta y entré.

Un hombre vestido de negro con un rostro pálido y seboso, muy congestionado, me miró con extrañeza. El rumor de la clase cesó por completo y sentí treinta o cuarenta miradas fijas en mí.

—¿Qué quieres tú? —me preguntó el hombre.

—Busco al maestro Remigio Fernández —contesté.

La clase entera se echó a reír. El hombre gritó y todos se callaron como por ensalmo. Volvió a dirigirse a mí:

—Yo soy don Remigio.

—Mi abuela me ha dicho que pregunte por usted. Me llamo Fernando Ruiz Muñoz.

Otra vez la clase entera rompió a reír. El maestro ordenó que se callaran y de nuevo volvió el silencio.

—¿Tú eres el hijo o el nieto de Águeda?

—Sí.

—¿Sí, qué?

—Nieto.

—Tu abuela me ha dicho que tenías doce años. Pero pareces mayor.

—Tengo doce años.

—Bueno, pues dile a tu abuela que aquí se viene puntual, a la hora, ¿te has enterado?

—Sí.

—Pues ahora siéntate. Por hoy te dejaré entrar.

Atravesé la fila de bancos con todas las miradas fijas en mis brazos demasiado largos y en la talega blanca que mi abuela me había hecho con un trozo de tela. Me senté en la última fila y entonces reconocí al maestro. Había estado entre los que iban a sanar con mi abuela. Le recordé de color verdoso y tiritando de frío.

Puse el libro y la talega sobre la mesa y me dispuse a asistir a clase.

Había entre treinta a cuarenta niños y niñas, de la misma edad que yo, que se volvían con cualquier pretexto, me miraban y se apretaban la boca con la mano para no explotar en carcajadas.

El maestro se acercó despacio hasta donde yo estaba y me dijo que leyera lo que estaba en la pizarra. Como yo me quedé inmovil, me ordenó que me pusiera en pie, que no tenía educación. Me puse en pie.

—Lee —me repitió.

Desde donde estaba veía las letras blancas sobre el fondo negro de la pizarra con toda nitidez.

Empecé:

—... ma... ña... na... eees... eeel... díiiaaa...

Las risas guturales, abiertas y explosivas sonaron al unísono y me interrumpieron. Los niños reían hasta desgañitarse. Se inclinaban sobre sus pupitres y lloraban de risa. El maestro se puso rojo de indignación y me agarró de la oreja y me la retorció con fuerza.

—¿Así que eres un payaso, verdad?

—No —le contesté yo, sin moverme, fingiendo que el terrible tirón de orejas no me afectaba.

—¿Es que no sabes leer todavía?

—Por eso he venido aquí.

Las risas se hicieron más fuertes aún.

—Tú aquí no puedes estar. Tienes que ir a párvulos. No tienes ni idea de leer.

Me soltó la oreja y se fijó en el libro. Ahora parecía divertirse.

—Veamos qué has traído —dijo.

Abrió la talega y sacó la hogaza de pan y la puso sobre la mesa.

—Muy rico, ¿eh? ¿Piensas escribir aquí? ¿Y esto? Veamos... veamos... ¡No! ¡Imposible! ¿Me dejas oler? ¡Pisto manchego! Muy rico, ¿verdad? Y ahora veamos qué libro te has traído a la escuela.

Cogió el libro y su expresión cambió por completo. Empezó a reírse a mandíbula batiente, lloraba de risa, agitando el libro. La clase entera berreaba de satisfacción, se tiraba por los suelos de risa. El maestro apenas si podía articular palabra.

—¡Enciclopedia de Grado Elemental! ¡Enciclopedia! ¡Ja, ja, ja! ¡Una edición de... de... 1947! ¡Ja, ja, ja! Anda... anda... vete a párvulos, ¡ja, ja, ja! Es la clase siete, la de la señorita Mari Carmen, la siete. ¡Ja, ja, ja!

El llanto me empezó a subir desde el pecho. Intenté tragármelo, pero apenas si podía. Las piernas me empezaron a temblar. Quise hablarle, decirle algo, pero era imposible que articulara alguna palabra. Era como si se me hubiera olvidado todo: quién era, cómo me llamaba, la razón de mi estancia allí.

No recuerdo cómo abandoné la clase, cómo llegué hasta el patio.

Detrás de mí seguía escuchando:

«¡Enciclopedia, Enciclopedia, Enciclopedia!»

Al llegar al patio, el hombre del silbato fue a decirme algo, pero se quedó quieto y en silencio, paralizado.

Observó cómo yo mismo abría la cancela y salía fuera.

Sólo estuve esos diez minutos en la escuela de Villena.

17

Aquel día lo pasé entero en el parque, mirando los patos del estanque y arrojándoles las migas del pan que me habían sobrado del almuerzo.

Observaba a la gente que paseaba y me preguntaba por qué no me quería nadie. A todo el mundo lo quería alguien. Veía a soldados junto a sus novias, familias enteras con niños y niñas de mi edad —quizá los mismos niños que se habían reído de mí en la escuela—, hombres y mujeres solos, viejos y viejas. Todos parecían hechos de la misma materia que yo. Por más que los observara no encontraba ninguna diferencia. Sin embargo yo era diferente a todos ellos. Lo sabía. A mí no me quería nadie.

Si alguien me hubiese preguntado entonces por qué pensaba yo así, no hubiese sabido responder. Sólo sabía que aunque externamente éramos iguales, no podía haber algo más diferente que ellos y yo.

Veía a los otros niños jugar, hablar los unos con los otros, darse la mano y sonreír, correr de un lado a otro, pero era como si viese una película de seres de otro planeta. ¿Por qué yo no podía ser como ellos?

Allí en el parque tuve una idea que ojalá la hubiese llevado a cabo. Te lo juro, Julio, si hubiese llevado a efecto lo que pensé aquel día mi vida hubiese sido diferente.

Lo terminé de madurar mientras contemplaba a los patos, tumbado en el césped del parque. Fue tan claro y meridiano como el que tú y yo estemos aquí, Julio.

Pensé en matarme. En acabar con mi vida. Estaba tan avergonzado, me sentía tan triste y solo como nunca lo he estado jamás.

Pero pasó el día y llegó la tarde. Calculé la hora en que terminaba la escuela y tomé el autobús. Llegué a Almansa y fui a mi casa.

Mi abuela se encontraba en el comedor en compañía de cinco mujeres vestidas de negro. Cuando me vieron, se callaron. Supe que habían estado hablando de mí.

Le dí un beso a mi abuela y la llamé madre, como hacía siempre que había extraños. Me preguntó por el primer día de escuela y yo le respondí que me lo había pasado muy bien, que había aprendido mucho y que tenía amigos. Había llegado tarde porque me había entretenido jugando con ellos a la salida de la escuela.

Mi abuela no cabía en sí de gozo y me besó delante de sus amigas.

Tengo que decirte, Julio, que mi abuela casi nunca me besaba a menos que estuviese borracha. Y, entonces, lo que más le gustaba era que le besase los pechos. Ya no tenía leche pero le gustaba de todas formas. A mí me daba lo mismo, pero la complacía.

Era muy curioso, o por lo menos a mí me lo parecía. Nunca me besaba, ni me acariciaba, ni hacía esas cosas que hacen las madres con sus hijos. No era mi madre, era mi abuela, pero me la figuraba como una madre. Como esas madres que yo veía.

Las madres, Julio, no echan a sus hijos pequeños de sus casas, de su lado. Pero mi madre lo hizo. No una vez, sino dos. Y estaba seguro que lo seguiría haciendo.

Yo no quería tener una madre como la mía.

Las únicas muestras de cariño de mi abuela se producían por las noches, cuando nos acostábamos.

Me parece que ya te he contado que cuando era pequeño solíamos dormir todos en el mismo colchón de gomaespuma, en el fondo de la caseta. Claro, el año largo en que tuvimos casa en Almansa yo dormía en el sillón de la camioneta, colocado en el comedor como si fuese un sofá, y «El Mono» y mi abuela en una cama de verdad, en el único dormitorio.

Pero «El Mono» estaba casi siempre fuera, de modo que cuando llegaba la noche yo me cambiaba de cama y me iba con mi abuela.

Quiero que lo entiendas para que luego lo escribas bien y sin equivocarte. En la caseta no había más remedio que dormir juntos, pero en la casa de Almansa, era por costumbre. El caso es que cuando yo era pequeño y mi abuela tenía leche en los pechos a mí me gustaba chupárselos. Era una leche muy suave, me acuerdo muy bien, muy calentita y muy dulce. Pero, claro, cuando se le acabó, ya era otra cosa.

Cuando no estaba borracha dormía de un tirón y no se despertaba hasta la mañana. La verdad es que a mí me daba confianza y seguridad dormir al lado de ella, sintiendo el calor que despedía su cuerpo.

Otra cosa era cuando se emborrachaba.

Entonces solía mostrarme los pechos y me decía:

—Anda, ropajolero, mama un poquito, pobrecito mío. Venga, mama.

Yo le mamaba un poco y ya está. Pero había veces que no me apetecía. Sus pechos, antes tan grandes, tan tersos y suaves, se estaban convirtiendo en pellejones vacíos. De modo que le decía que no y le daba patadas para que se apartara y me dejara dormir.

Ella se reía y se reía y se ponía a decir que yo la mataría un día, que estaba escrito.

Sí, eso lo decía bastantes veces, pero sólo cuando estaba borracha.

—Me matarás —decía mi abuela—. Eres el Gran Cabrón y un día me matarás. Está escrito.

Yo no le hacía caso, claro. Pero ella se empeñaba en tocarme la frente para ver si me había crecido el cuerno.

La mayor parte de las veces, aunque no me apeteciese demasiado, terminaba por mamarle los pechos para que me dejara dormir tranquilo y no dijera que la iba a matar.

Bueno, te sigo contando.

Aquellas mujeres vestidas de negro parecían un poco atemorizadas ante mi presencia. Le habían traído a mi abuela una litografía enmarcada de una santa muy santa, llamada Santa Lucía, patrona de las «Hermanas de la luz», que estaba colgada de la pared, como si presidiese la casa.

Recuerdo que nada más entrar y besar a mi abuela, ya se querían marchar. Se movían en las sillas y no me miraban directamente a los ojos.

Las recuerdo muy bien a todas, enlutadas y de edad parecida a la de mi abuela. Las cinco eran sanadoras por imposición de manos, «Hermanas de la luz».

No puedo olvidarme, sobre todo, de una de ellas, la única que se atrevió a hablar.

—Águeda —dijo— nos alegramos de que estés otra vez con nosotras y con Santa Lucía, pero tenemos que marcharnos. Tu hijo acaba de llegar.

A lo que mi abuela respondió:

—Ella estará siempre en esta casa, hermana. Bendita por siempre Santa Lucía.

—Que así sea —respondieron al unísono las demás.

Luego se levantaron, se despidieron de mi abuela y

se fueron. Ninguna me quiso tocar. Me di cuenta de que se apartaban de mí.

—Todo va a ir mejor ahora, hijo —me dijo mi abuela—. Tú irás al colegio y nadie te verá por aquí.

—¿Por qué se han asustado de mí, abuela? —le pregunté.

—No se han asustado de ti —respondió mi abuela—. Son mujeres sabias que lo saben todo.

—Se han asustado —insistí yo.

Pero mi abuela no me hizo caso y repitió varias veces que la vida sería diferente a partir de entonces.

Al otro día me puse ropa limpia y mi abuela me entregó otra vez la talega con la comida y el dinero para tomar el autobús. Fui a la estación, pero en vez de subirme al autobús me fui andando a Villena. Un rato andaba y otro corría. Llegué al descampado de detrás de la gasolinera y me senté a mirar la escuela.

Vi a los niños entrar. Jugaban entre ellos y gritaban. El hombre del silbato lo hacía sonar, imponiendo disciplina. Desde donde yo me encontraba casi podía repetir las cosas que decía.

Aquel día estuve en mi atalaya todo el tiempo que duraron las clases. Los vi salir al recreo, chillando de alegría. Y luego los vi entrar de nuevo.

Traté de distinguir a los de mi clase, pero no pude. Los pocos minutos que permanecí en el aula no fueron suficientes para quedarme con ningún rostro.

Comí allí mismo y aguardé a que volvieran por la tarde. La escena se repitió. El mismo guardián del silbato trataba de imponer orden, consiguiéndolo sólo a medias, y los mismos niños y niñas que habían entrado por la mañana lo hicieron por la tarde.

Pero necesitaba un amigo y empecé a pensar quién de ellos podría haber sido.

Había uno, sobre todo, que estaba seguro que lo hubiese sido. Era tan alto como yo y parecía fuerte y decidido. Le sacaba la cabeza a la mayoría de sus compañeros y yo pensé que se podría llamar Antonio.

El del silbato le tiró de las orejas y le hizo daño. Antonio —estaba seguro que se llamaba Antonio— se revolvió furioso y estuvo a punto de enfrentarse al guardián. Lo animé desde donde estaba.

—¡Dale, Antonio, dale fuerte a ese cabrón! —grité desde mi escondite.

Poco a poco el patio se fue quedando sin niños y me figuré que estarían en clase. Yo me tendí entre los matojos y me dediqué a pensar en la clase. En lo que diría el maestro y en lo que responderían los alumnos.

Como no había estado nunca en esa escuela, no sabía a ciencia cierta lo que pasaba tras sus muros, pero en mis pensamientos yo estaba dentro, sentado al lado de Antonio.

Y era muy bonito. Yo sabía leer y escribir. Era el primero de la clase y Antonio mi mejor amigo. Todos nos respetaban y el maestro se dirigía a nosotros cuando había que responder a una pregunta especialmente difícil, que nadie sabía.

Yo le había prometido a Antonio enseñarle a tirar al blanco. Le dije que en mi casa tenía muchas escopetas de aire comprimido. Una de ellas sería para él.

—Yo te regalaré una caña de pescar —me decía Antonio—. Iremos al río a pescar truchas.

—Y a cazar ranas —le contestaba yo.

—Sí, a por ranas. Yo sé dónde hay muchas.

—¿Sabes hacer cometas? —le preguntaba yo.

—¿Me defenderás de unos cabrones que quieren pegarme, Fernando? —me contestaba él.

Yo le respondía que sí, que perdiera cuidado. Que me dijera dónde estaban esos cabrones. Yo acabaría con ellos.

—Eres un buen amigo, Fernando —me decía él, agradecido.

Luego hicimos un pacto de amistad. Él se pinchó el pulgar con un alambre y yo el mío y juntamos las sangres. Ya éramos como hermanos. Más que hermanos.

Así pasó el tiempo pensando en el amigo que no existía. Hasta la hora de salida.

Muchas madres esperaban a sus hijos con las meriendas y se iban con ellos rumbo a sus casas. Yo aguardé a que saliera Antonio. Lo distinguí enseguida. Efectivamente era mucho más alto que la mayoría.

No sé por qué, pero me alegré de que saliera solo.

Regresé a Almansa corriendo y andando. Llegué a mi casa y mi abuela me aguardaba. Esta vez estaba sola, cosiendo en el comedor-cocina.

Como era bastante tarde le dije que me había quedado a jugar un poco con mis amigos. Por eso había tenido que tomar otro autobús. Le conté lo de Antonio, la amistad tan grande que teníamos.

Al oír esto mi abuela se alegró mucho y me dijo que era eso, exactamente, lo que tenía que hacer: conseguir muchos amigos, chicos de mi edad.

Yo le dije que jugaba mucho, pero que todas las madres llevaban meriendas a sus hijos. Me prometió que a partir de entonces llevaría merienda, como todos. Fueron pasando los días y yo me empecé a aburrir de estar allí observando.

Es cierto que llegué a conocer a casi todos los de la escuela. A los pocos días de observación supe quién era el más travieso, el más serio, el gordo, el chivato y el empollón, pero empecé a aburrirme.

No volví a ver a don Remigio, el maestro. Pero aquello no me importó demasiado.

Había también chicas. Las distinguía por la forma del peinado o los gestos. Las había con el pelo largo, con coletas, cola de caballo... Había una, sobre todo, que me pareció limpia y aseada, muy recatada, que nunca se mezclaba con nadie.

La veía salir con su carpeta azul, apretada al pecho y perderse por el camino, rumbo al pueblo.

Decidí que esa chica se convertiría en amiga nuestra. La amiga de Antonio y mía.

En mi pensamiento los tres nos sentábamos juntos en clase. Ella en el centro y nosotros dos a cada lado. Cuando salíamos de clase nos íbamos a pasear, y algunas veces al cine. Nuestra amiga se venía con nosotros también a hacer volar cometas y a cazar ranas. Era una chica estupenda y muy guapa.

Yo la tenía localizada. Ya he dicho que tenía una carpeta azul y largas trenzas. No era como las otras. No se pasaba el recreo riéndose, ni bromeando con los demás chicos. Se apartaba de los demás y, de vez en cuando, charlaba con unos y con otros. Mis amigos de la escuela eran los mejores. Tenía que ser así.

Me parece que te hablé al principio de un plan que yo había fraguado mientras le echaba miguitas de pan a los patos, en el parque de Villena. El plan consistía en matarme, pero ahora que tenía amigos, aunque fueran ficticios, pensé en ahorrar el dinero que me daba mi abuela para el autobús diario. Con ese dinero, más el que ahorrasen Antonio y Encarnita... Sí, se llamaba Encarnita. Supe que se llamaba así, no me preguntes cómo lo supe... te sigo contando, con el dinero que ahorrásemos los tres nos marcharíamos. Sí, lo que oyes. Nos iríamos los tres a vivir nuestra vida. Lejos de nuestras familias.

Primero tendríamos que ahorrar bastante dinero. Después, yo aprendería a leer y escribir bien. Y cuando eso ocurriese, nos marcharíamos los tres juntos.

Como ya te he dicho, empecé a aburrirme de estar allí mirando el colegio, de modo que decidí aprender a leer y escribir lo antes posible. No sé cuánto tiempo estuve acudiendo a mi escondite. Quizá mes y medio, quizá dos meses.

Iría sólo por las mañanas, a la hora de entrada, y después me marcharía al parque de Villena, un parque muy bonito con muchos bancos donde sentarse y muchas mesas. Después, por la tarde, regresaría de nuevo a mi escondite y los vería salir. Como siempre, regresaría a mi casa corriendo.

En el parque no miraba los patos como el primer día de colegio. Mi abuela me había comprado una cartera, un lápiz, un sacapuntas, una goma de borrar, un cuaderno y una cajita de lápices de colores marca Alpino.

Como había decidido que aprendería a leer y escribir, resolví copiar la Enciclopedia desde el principio hasta el final.

Quería saber leer, aritmética, geografía, ciencias y todo lo que venía en la Enciclopedia. Lo copiaría en el cuaderno y lo aprendería de memoria.

Todos los días, después de ver cómo entraban en clase, me iba al parque y copiaba, tratando de comprender el significado de lo que había escrito. Leía y releía sin parar, llenando el cuaderno de letras, palabras y oraciones.

Los primeros meses fueron pesados, monótonos. Pero yo no me arredraba. Hiciera frío o calor, allí estaba yo, en el parque, copia que te copia.

Cuando llovía o hacia demasiado mal tiempo para estar allí, me marchaba a un bar y me ponía a mi tarea. Antes de acabar tendría que saber leer de corrido.

Mi abuela seguía creyendo que yo acudía a la escuela, como cualquier muchacho de mi edad. Algunas veces, cuando no estaba «El Mono», le leía trozos de la Enciclopedia y mi abuela se quedaba maravillada de los progresos que hacía.

Un poco antes de que acabara el año —recuerdo que el calor te hacía sudar— estaba yo en mi banco preferido, sacándole punta al lápiz. Sobre la mesa de madera había colocado el cuaderno y la Enciclopedia, abierta por la lección que iba a copiar.

El olor a tierra recién regada impregnaba la atmósfera. Levanté la cabeza y ella estaba allí, mirándome.

Era mi amiga, la chica de las trenzas, y apretaba contra su pecho la misma carpeta azul que yo había visto desde mi escondite.

No nos dijimos nada ninguno de los dos. Cuando volví a levantar la cabeza, ya se había ido.

Volvió al otro día, después de clase. Abrí la Enciclopedia y fingí leer.

—Hola, ¿cómo te llamas? Yo me llamo Encarnita —dijo.

No contesté. Te juro que no me extrañó que se llamara Encarnita. Continué fingiendo que leía.

—Don Remigio ya no es maestro, ¿sabes? Ha pedido el traslado. Ahora tenemos a una señorita. Una maestra muy buena.

Silencio.

Ella continuó de pie unos instantes más. Luego se marchó.

A partir de entonces, todos los días, la vigilaba al salir de clase por si tomaba el camino del parque. Pero se encaminaba a su casa. Cuando pensaba que ya no la volvería a ver jamás, apareció de nuevo.

Una semana después se presentó en el parque. Serían las once de la mañana. La misma carpeta azul apretada contra su pecho.

—La maestra ha tenido que ir a una boda. Hoy no hay clase —me dijo—. ¿Puedo hacer los deberes contigo?

Le dije que sí. Se sentó frente a mí y comenzó a estudiar. No nos dirigimos la palabra. Cuando llegó la hora de comer, se levantó, se despidió de mí y se marchó.

A medio camino se dio la vuelta.

—Después de comer vendré —anunció.

Y cumplió su palabra. Llegó, me saludó, se sentó en su lugar y se puso a estudiar sin levantar los ojos del libro.

La primera vez que me dirigí a ella fue para decirle:

—¿Quieres merendar?

Dijo que sí. Y los dos comimos en silencio lo que me había puesto mi abuela. Y ahí empezó todo.

Hablamos. Supe que tenía doce años y que no se había reído de mí. Me preguntó lo que hacía con la Enciclopedia y se prestó a ayudarme. De hecho me ayudó bastante. Avancé mucho durante el tiempo que Encarnita estuvo conmigo. Solía acudir al parque dos o tres tardes a la semana, hasta que llegaron las vacaciones y se marchó a Alicante con su familia.

No le dije nada de nuestro plan para fugarnos. Pensaba que tendría tiempo de comentárselo.

18

Yo no lo sabía entonces, pero mi abuela me había estado engañando. Me envió a un colegio de Villena para que no supiera que mi verdadero padre acudía a Almansa para que mi abuela le sanara de la dolencia de sus ojos.

Eso lo supe mucho después, cuando cumplí diecinueve años. Por aquel entonces, cuando iba al parque de Villena a estudiar, estaba tan entusiasmado con mis amigos y con los progresos que realizaba con la Enciclopedia que no me daba cuenta de nada.

Bueno, el verano pasó muy deprisa. Yo continuaba copiando la Enciclopedia una y otra vez, aguardando a que el curso comenzara de nuevo para poder hablar con mis amigos y resolver nuestro plan.

Había ahorrado bastante dinero, y esperaba que Encarnita y Antonio aportasen algo. Además de los ahorros, guardaba también dinero que había ido quitándole a mi abuela de lo que sacaba por sanar enfermos. No me acuerdo bien a cuánto ascendía, pero era bastante. Yo diría que mucho. En todo caso, más que suficiente para que los tres pudiéramos vivir hasta que encontrásemos trabajo.

Yo lo tenía todo pensado, con los mínimos detalles

previstos. Imaginaba que mis amigos, cuando hablara con ellos, aceptarían mi plan.

En realidad era nuestro plan. En mi imaginación era algo que los tres habíamos hablado y discutido mucho.

Aquel verano fue especialmente feliz. Sabía leer, escribir y muchas cosas. Me sabía la Enciclopedia entera. Durante las mañanas continuaba copiándola y por las tardes la leía.

Mi abuela me decía que dejara de estudiar, que ya se había acabado la escuela. Tenía que divertirme, me aconsejaba. Y yo le hacía caso.

Le dije a mi abuela que era el repaso de la escuela y que nos lo habían ordenado los maestros. Pero algunas veces me marchaba a las cercanías a divertirme con los perros de nuestros vecinos.

Sin embargo, lo que más me gustaba era copiar. Disfrutaba con esa seguridad. Era capaz de recitar cualquier cosa que estuviese escrita en el libro. Además, de tanto copiar y copiar, adquirí soltura al escribir. Era capaz de leer cualquier cosa, incluidos los periódicos, aunque a veces no me enteraba demasiado de lo que leía.

Recuerdo ese verano. Mi abuela había comprado algunos muebles más y parecía tener algo de dinero, conseguido quizá con la fama de sus sanaciones y predicciones del futuro. Desde todas partes acudían a nuestra casa enfermos y gente con miedo. Todos deseosos de curarse y de que le adivinasen el futuro.

Como yo andaba por allí todo el día, las visitas de los enfermos y de los miedosos se efectuaban cuando yo no estaba. Mi abuela me lo anunciaba.

—Niño —me solía decir—. Esta tarde tienes que marcharte. Vuelve al anochecer.

Y yo le hacía caso.

Algunas veces mi abuela faltaba de la casa varios días y me dejaba solo con mi Enciclopedia.

No sé a dónde iba porque no me lo decía. Ahora, cuando pienso en ello, estoy seguro que acudía a las reuniones de esas «Hermanas de la luz», pero, claro, yo no lo podía saber.

No sé cómo explicártelo, Julio, pero aquel verano fue de lo más tranquilo. De lo más esperanzador. Yo creo que tener esperanza es lo más bonito del mundo. No hay nada como eso.

Además, «El Mono» apenas si aparecía por la casa. Su actividad fundamental, después de sus tremendas borracheras, era revisar el motor de la camioneta que teníamos aparcada en la trasera de la casa. Se tiraba horas y horas montando y desmontando el motor y luego, cuando terminaba, volvía a marcharse por varios días más. Algunas veces, hasta semanas.

Yo no sabía lo que hacía, ni me importaba. «El Mono» apenas si hablaba. Pero aunque hubiera sido un tipo parlanchín, tampoco habría hablado conmigo. Me producía tanta repugnancia su presencia que cuando él entraba en la casa, yo salía.

La época aquella en la que me pegaba por dormir con la abuela, se había acabado. Ya no se atrevía a levantarme la mano. Seguía siendo muy fuerte, pero seguramente intuyó que yo lo mataría sin pestañear si me hubiese levantado la mano.

Como te digo, los días aquellos de verano fueron muy felices. La mayor parte del tiempo tenía la casa para mí solo para pensar y pensar en mis amigos.

Sólo me acuerdo de un pequeño incidente sin importancia, que te voy a contar. Ese pequeño incidente trastocó mi vida, pero en sí mismo fue una tontería.

No teníamos vecinos cercanos. Había unas cuantas casas, pero a unos doscientos o trescientos metros. Eran casas familiares de piedra, de gente dedicada a cultivar pequeñas huertas, aparceros de otros señores que vivían lejos, pero tenían pequeñas propiedades que cultivaban para su propio consumo. En esas casas había perros. Todos tenían dos o tres perros guardianes que se pasaban el día y la noche ladrando. Yo escuchaba sus ladridos en la lejanía y algunas veces, como te he dicho, jugaba con ellos.

Una noche mi abuela estaba escuchando la radio que se acababa de comprar en una de sus largas ausencias, «El Mono» bebía anís sentado en el sofá y yo releía la Enciclopedia. Mi abuela estaba diciendo algo acerca de comprar una televisión, cuando llamaron a la puerta.

Todos nos extrañamos bastante. No teníamos amigos y nadie nos visitaba. Mi abuela abrió y se topó con un grupo de vecinos muy acalorados. Iban armados de palos y azadones y parecían furiosos. Dijeron que sus perros estaban siendo asesinados. Cada día aparecía uno muerto de la misma manera, destripado y crucificado en el suelo, con las patas clavadas.

Mi abuela dijo que ella no sabía nada. Que en esa casa nadie mataba perros. Uno de los vecinos me acusó. Dijo que me había visto durante la noche entrar en su corral y despanzurrar al perro.

Yo apenas si me alteré. Contesté que eso era mentira. Las voces subieron de intensidad, aquellos campesinos asquerosos querían hacer conmigo lo que ellos creían que yo había hecho con la mierda de sus perros.

Fue «El Mono» el que salvó la situación. No quiso defenderme, porque se hubiera alegrado cantidad de que aquella gentuza maloliente me hubiese destripado y crucificado en el suelo. Lo hizo porque le molestaban mientras se emborrachaba.

«El Mono» se levantó del sofá —que era el sillón de la camioneta, cubierto por una manta que había tejido mi abuela—, avanzó hacia la horda y le quitó a uno de ellos el azadón. Sin decir palabra, rompió el grueso palo sobre su rodilla. Los campesinos enmudecieron, dieron media vuelta y se marcharon.

Entonces, «El Mono» se dirigió a mí. Yo continuaba en la mesa y no me moví. Me señaló con el dedo. Su estrecha frente se cubrió de arrugas, las gruesas gafas de cegato cabalgaron en su chata nariz.

Comenzó a gruñir y a excitarse. La saliva le caía de la boca, resbalando por la barbilla.

Yo pensaba: «Por favor, por favor, que me pegue, que me pegue.»

Quería que me alzase la mano, que intentase pegarme. Lo destriparía allí mismo, le sacaría fuera sus asquerosas y malolientes tripas. Pero no lo hizo. Mi abuela se puso delante y lo calmó acariciándole la nuca, como se hace con los animales. «El Mono» tomó la botella y volvió a tirarse en el sofá. Poco después, roncaba como un perro.

Mi abuela me miró fijamente. Era una mirada de miedo, de terror. Yo me sentí otra vez el Unicornio y me puse en pie. Mi abuela retrocedió, moviendo la cabeza como si negara algo que fuese evidente, pero poco comprensible. Sé que mi estatura creció y creció hasta superar a la de un hombre.

Mi abuela cayó de rodillas.

Dos días después me enviaba de vuelta con mi madre y mi padre. A mi casa.

—Hijo, ¿has visto esto? —la madre de Julio entró en la habitación con un periódico abierto.

Julio apagó el magnetofón y dejó de transcribir la cinta.

—¿Qué pasa, mamá?

Le tendió el periódico. Había señalado en rojo un anuncio. Julio lo leyó. Una academia preparaba para oposiciones a auxiliar de juzgados. Noventa temas, Graduado Escolar, trescientas plazas, seis meses para prepararlas, garantía del setenta por ciento de aprobados.

—Es estupendo, ¿has visto, hijo? ¡Trescientas plazas!

—Mamá, no me entretengas ahora. Estoy transcribiendo las cintas de Fernando. Por favor.

—Hijo, son trescientas plazas. Y dentro de seis meses. ¿Por qué no haces caso a tu madre, hijo? Mira, cuando saques las oposiciones te podrás dedicar a escribir todos los libros que quieras. En la administración se tiene mucho tiempo libre.

—Ahora, no, mamá. Ya discutiremos eso luego.

—Yo no voy a ser eterna, un día faltaré. Y no podré dejarte la pensión de papá. ¿Qué será de ti, hijo?

—Luego hablamos, mamá.

Empezó con movimientos del pecho, luego arrugó la cara. Las lágrimas fluyeron mejillas abajo. Julio se levantó y abrazó a su madre. Su cuerpo era huesudo y frágil.

—Mamá, luego hablamos. Te lo juro.

—Podrás... podrás hacer tus novelas del... del Oeste, hi... hijo. A... a mí me gus... gustan mucho.

—Vamos, mamá, mamá. No llores, por favor, te lo ruego. Te juro que luego hablaremos. Déjame terminar esto, eh. Anda, cálmate, venga.

La madre de Julio dio media vuelta y abandonó la habitación. El periódico abierto quedó en el suelo. Julio volvió a sentarse, accionó el magnetofón y buscó dónde había dejado la cinta.

Estuvo un rato escribiendo lo que contaba Fernando, añadiéndole cosas, transformándolo a su manera, pero se entretenía pensando en su madre ante el televisor del salón. Sabía que continuaba llorando.

La voz de Fernando se escuchaba en el cuarto como surgida de ultratumba.

... a los dos días dejé Almansa y volví otra vez a Santander, porque mi familia vivía ahora allí. Se había mudado. No volví a ver a Encarnita, ni a Antonio. Y no regresé a Almansa hasta que me fueron mal las cosas después de... bueno, después de cumplir dieciocho años y casarme... Durante los primeros tiempos yo intentaba seguir pensando en Encarnita y en Antonio. Pero al cabo de los años, se me olvidaron los dos. Era cosa de niños, ¿verdad? Bueno, Julio, así fue el único año que estuve en Almansa. Parece que el boquerón está abriendo la puerta...

19

He venido a comunicarle que le quedan tres días para que expire el plazo que le hemos dado. ¿Por qué no se declara culpable, señor Ruiz? Puede usted pedir el amparo de la Justicia. Sería usted internado de por vida en una institución psiquiátrica penitenciaria.

—¡No estoy loco! ¡Se entera!

—Le ruego que se calme. Tiene usted derecho a declararse inocente. Sólo estaba dándole un consejo.

—Yo no he matado a ninguna vieja. Ni las he violado... Eso de violar me hace gracia.

—¿Por qué le hace gracia?

—Yo gusto mucho a las mujeres. Se vuelven locas conmigo, les gusto a todas.

—¿Incluidas las ancianas?

—También son mujeres, ¿no?

—Efectivamente, son mujeres... Pero debe saber que tenemos en nuestro poder indicios más que razonables para acusarle de asesinato y violación. Todas las ancianas, menos una, estaban domiciliadas en su barrio. Todas solicitaron sus servicios de fontanería o albañilería. Curiosamente, doña Ana Beltrán vivía bastante alejada de usted.

—A esa Ana Beltrán le instalé la grifería. Me llamó por teléfono y fui a verla, señor juez.

—No tiene abogado, por lo tanto tenga cuidado con lo que dice. Esta conversación está siendo grabada por el señor secretario del juzgado.

—La mayoría de las mujeres son putas. Para una buena hay cien putas.

—Dejemos sus curiosas opiniones sobre las mujeres. Mañana o pasado, un eminente médico psiquiatra tendrá una larga sesión con usted. ¿Está de acuerdo?

—A su disposición, señor juez. Los psiquiatras pueden decir lo que quieran. Yo diré que soy inocente.

—¿Continúa declarándose inocente, verdad?

—Soy inocente.

—Bien, ahora voy a interrogarle de nuevo. Puede usted no contestar, si así lo desea. ¿Conoció a doña Ana Beltrán Gómez?

—Se lo he dicho muchas veces. Le puse una instalación nueva en el lavabo y en el fregadero de la cocina.

—Bien, ratifica entonces que la conocía, que efectuó en su casa arreglos de fontanería. ¿Qué tipo de relación sostenía con esa señora? Es la única víctima que no vivía en su barrio. ¿Cómo se puso en relación con ella?

—Me llamó por teléfono y me dijo que quería que yo le solucionase unos problemas en el lavabo y en la cocina.

—¿Cómo sabía esa señora que usted era fontanero y albañil?

—No tengo ni idea. Se lo diría alguien. Digo yo.

—¿Cuántas veces fue usted a su casa?

—No me acuerdo. Varias veces.

—¿Antes o después del arreglo de fontanería?

—Fui a su casa dos o tres veces, no me acuerdo bien. Le hice el trabajo, cobré y ya no volví a verla más.

—¿Recuerda cuándo le llamó por teléfono solicitando sus servicios?

—No.

—Los parientes de doña Ana Beltrán han declarado a este Juzgado, bajo juramento, que usted acudió a la casa de doña Ana Beltrán por propia iniciativa.

—Me quieren liar.

—Señor secretario, por favor, ¿quiere leerle al acusado la declaración de la hija de doña Ana Beltrán?

—Con la venia, señoría, ¿toda la declaración?

—Sólo la parte que concierne a este punto.

—Bien... veamos... sí, aquí está... «que la citada señora, doña Ana Beltrán Gómez mencionó en varias ocasiones a su hija, doña Purificación Rebollo Beltrán, la turbación que le había producido la visita de un hombre que le manifestó ser pariente lejano. Este hombre, cuyo nombre no recordaba doña Ana Beltrán Gómez por lo avanzado de su edad, fue descrito como fontanero de profesión...». ¿Continúo, señoría?

—Sí, continúe, haga el favor.

—«...ese hombre se presentó en el domicilio de la mencionada señora varias veces y a horas intempestivas, con la pretensión de que doña Ana Beltrán Gómez era tía suya...»

—Gracias, ya es suficiente. ¿Qué dice a eso, señor Ruiz?

—Que es una majadería. Fui a esa casa a arreglarle el lavabo y la cocina. Nada más. Y fui porque ella me llamó.

—¿Entonces, fue inmediatamente a su casa?

—Tampoco me acuerdo.

—Bien, ¿qué hicieron en su casa, señor Ruiz?

—Me invitó a café, a cerveza... me tocó los brazos y las piernas, decía que era muy fuerte.

—¿Pretende usted afirmar que doña Ana Beltrán Gómez se le insinuaba sexualmente?

—Como todas.

—Responda con más precisión.

—Claro que sí, se insinuaba. Siempre me toqueteaba, se pegaba a mí. Yo no le hacía caso, por supuesto.

—¿Qué pasó la noche del quince de junio, señor Ruiz?

—Eso me lo ha preguntado montones de veces.

—Repítalo, por favor.

—Fue la noche en que terminé el trabajo... Ella me dijo que lo había hecho muy bien, que quería invitarme a algo, entonces pasamos al dormitorio.

—Prosiga, por favor.

—Pues eso, hizo que me sentara en la cama y ella se sentó a mi lado, rozándome. Empezó a acariciarme...

—¿Puede ser usted más explícito? ¿Qué parte del cuerpo le acarició?

—Empezó por la pierna, el muslo y siguió... Me tocó el pene.

—¿De forma accidental o fue provocado?

—Provocado.

—¿Procedió de la misma manera los días anteriores?

—Parecido.

—Continúe.

—Me decía que era muy guapo y me acariciaba el pene.

—¿Dentro o fuera del pantalón?

—Me bajó la bragueta y me lo sacó. Entonces yo le tapé la boca y la dejé sobre la cama y me marché.

—¿Por qué le tapó la boca?

—Para que no gritara.

—¿Quiere repetir eso?

—Le tapé la boca para que no gritara, la puse sobre la cama y me marché.

—¿No hizo el amor con doña Ana Beltrán?

—No.

—La autopsia demostró que tenía restos de semen en la vagina y en el ano, aparte de desgarros notables.

Y ese semen coincide con el suyo. ¿No empleó usted un palo para violarla después, señor Ruiz? ¿Quizás una de sus herramientas de fontanería?

—No. La dejé sobre la cama y me marché.

—Dice usted que le tapó la boca para que no gritara. ¿Por qué gritaba?

—Gritaba de excitación al ver mi pene.

—¿No la estranguló, rompiéndole las vértebras cervicales?

—Le tapé la boca, nada más.

—Hay testigos que afirman que lo vieron salir del domicilio de doña Ana Beltrán a las once y media de la noche. Si es cierto que estuvo allí desde las nueve y media, como ha afirmado repetidas veces, eso quiere decir que usted permaneció en la casa dos horas.

—Me da igual lo que digan los testigos. Me marché de esa casa a las diez y media. Y no la maté ni hice el amor con ella. A lo mejor alguien subió detrás de mí. Esa mujer era como una perra en celo, estaba salida.

—Le recuerdo que doña Ana Beltrán tenía ochenta y dos años.

—Era una perra.

—Le ruego que modere su lenguaje. Responda a lo que se le pregunta o no responda, si no quiere. Todo lo que usted manifieste en este interrogatorio podrá utilizarse contra usted durante el juicio. ¿Lo ha comprendido?

—Bien, pues ya no responderé más. Me he cansado de oír tonterías.

—¿Qué buscaba usted de doña Ana Beltrán? ¿O no buscaba nada y lo suyo era una simple añagaza para violarla? ¿No quiere responder?

—No, no quiero responder. Ya le he dicho la verdad.

—Señor secretario, por favor... lea la transcripción de otro testigo... la vecina del piso de al lado... folio cuarenta y ocho y siguientes... Sólo la parte en que se alude a este punto.

—Con la venia... vamos a ver... aquí está... «que durante varios días consecutivos del mes de junio del corriente año escuchó el sonido del timbre del domicilio de doña Ana Beltrán, vecina y amiga, a altas horas de la noche. Extrañándose, descorrió la mirilla de su puerta y vio a un hombre joven, moreno, que llamaba al timbre de doña Ana Beltrán, mientras profería voces que la testigo no sabe precisar. Recuerda que el mencionado joven entró en el domicilio de su vecina y amiga y que no portaba ningún maletín, ni herramientas de fontanería. Al otro día le preguntó a doña Ana Beltrán la razón de aquella visita intempestiva, a lo que la mencionada señora respondió que era un sobrino muy lejano que había venido a pedirle dinero. La visita del mismo hombre se repitió dos veces más y a parecidas horas y...».

—Ya es suficiente, basta, por favor. ¿Tiene algo que decir, señor Ruiz?

—Ya he dicho lo que tenía que decir.

20

A mí no me ha gustado. Nada más verlo me di cuenta de que no era un buen hombre, ¿qué quiere usted que le diga? Es instinto femenino, ¿sabe, señor Julio? Y ese instinto nunca falla. Ese hombre quiere la perdición de Fernando. Como si yo no lo supiera. Tiene unos ojos muy negros, como piedrecitas chupadas y los hombres con esos ojos no son buenas personas. ¡Ay, Virgen Santísima!

—Es un psiquiatra, Baldomero.

—Lo que sea. Pero no le va a traer nada bueno a Fernando, se lo digo yo. Es un hombre malo, de malas inclinaciones. Hace tres días que se reúne con él. Le pregunta cosas de cuando era pequeño, lo que sentía por su madre... y le pone cartulinas delante y le hace hablar. También cables en la cabeza y esas cosas.

—Pero yo tengo que ver a Fernando.

—Hoy es el último día.

—¿A qué hora saldrán?

—Ayer salieron a las once.

Instintivamente Julio miró su reloj. Eran las diez y cuarto.

—El director de la cárcel me ha denegado el permiso para verlo por la tarde.

—¿Qué tal lleva usted el libro, señor Julio?

—Me falta mucho todavía. Seguro que a ti te cuenta más cosas que a mí. ¿Oye, sabes algo de su matrimonio?

—Muy poquito, señor Julio. Me ha contado que la conoció en una discoteca en Santander, cuando ella tenía dieciséis años y él dieciocho. Se llama Nati y me parece que sigue viviendo en Santander. La dejó embarazada y se tuvo que casar con ella, por lo civil. Nadie de su familia fue a la boda. Bueno, me dijo Fernando que se fueron a vivir al piso de la madre de ella, su suegra. El niño se llama Fernandito y debe de tener ahora sobre los doce años, una desgracia, señor Julio. Se separaron a los seis meses de nacer el niño, fíjese. Él trabajaba entonces en una empresa de reparaciones de televisión, siempre ha sido muy mañoso. La culpa de todo la tuvo la suegra y que eran muy jóvenes, creo yo.

Estaban en una especie de corredor blanco, en la enfermería, los dos sentados en sillas disparejas, frente a la habitación donde se efectuaban las curas, utilizada por Fernando.

Un recluso atravesó el pasillo con paso cansino, llevando una escoba y un cubo. Baldomero se calló cuando lo vio aparecer.

El recluso iba muy bien peinado, con brillantina. Llevaba vaqueros y zapatillas blancas. El brazo remangado que sostenía la escoba estaba tatuado.

—¿Qué pasa, Baldomera, descansando?

—Tú a tus asuntos —respondió Baldomero.

El recluso se detuvo con una sonrisa irónica en los labios.

—¿No me das un besito, Baldomera? A tu hombre lo van a llevar en cunda dentro de poco. Una semana o así, ya verás.

—Qué sabrás tú, ignorante. Además, ten respeto, está este señor delante.

—¿Es usted abogado? —preguntó el recluso.

—No —respondió Julio.

—Entonces es usted periodista. La de cosas que le podría contar yo de este talego. ¿Tiene una truja?

—Vete ya, Nazareno. No molestes al señor.

Julio le dio uno de sus cigarrillos y el otro se lo guardó en el bolsillo.

—¿Le has contado al periodista como se la mamas a toda la Galería, Baldomera? ¿Eh, se lo has contado? —se dirigió a Julio—. Es una artista en el mame. Cobra tres libras, pero yo creo que lo haría gratis. ¿A que sí, Baldomera?

—Guarro, asqueroso. Espera que se lo diga a Fernando. Verás.

—Tendría usted que verla cuando la chupa. Te quita los cordones de las botas, la tía guarra.

—No le haga usted caso, señor Julio. Es envidia. Si no te vas, se lo digo a Fernando.

—Fíjate como tiemblo, Baldomera. Ese mataviejas me lo paso yo por el forro de los cojones.

—Sí, sí... espera que se lo diga.

—Con los marrones de dieciséis viejas, ése se va de aquí, Baldomera, que no te enteras. Y cuando se le lleven de cunda tú te vas a quedar de solateras otra vez —se llevó la mano a la frente y saludó a Julio—. Bueno, míster, a mandar. Me llamo Nazario García Dueñas, para servirle. Yo le puedo contar lo que pasa aquí de verdad. Esto es una pocilga, un agujero matahombres. El que entra aquí ya no vuelve a salir.

Se marchó y dijo Baldomero:

—¿Ha visto usted, señor Julio, qué gentuza hay aquí? Yo los fusilaría a todos.

—Oye, ¿crees que con una causa de violación y asesinato múltiple sacarían a Fernando de aquí? Me jodería bastante, la verdad.

—Es lo que dicen por aquí, que lo van a llevar a un

trullo de máxima seguridad. A lo mejor a Alcalá Meco, no lo sé.

—Tener que tomar el tren me va a joder bastante.

—Aquí no está seguro. Ya sabe usted lo que le hacen a los violadores. Figúrese.

—¿Han querido matarle otra vez, Baldomero?

—Sí, señor Julio. Otra vez me lo han querido matar.

Julio sacó el magnetofón de la cartera y lo puso en funcionamiento.

—Cuéntamelo, anda.

—Fue anteayer. Vino un matador hasta aquí, hasta la enfermería. Se chinó los brazos el menda para tangar a los boquerones que le quitaron un baldeo que se había hecho con un tenedor. Pero no se dieron cuenta de una cuchilla de afeitar que llevaba prendida con esparadrapo en los gayumbos. Le hicieron el registro, claro, pero es muy difícil darse cuenta de eso. ¿Me sigue, señor Julio?

—Sí, continúa.

—Lo trajeron para aquí con el brazo chorreando sangre, dando voces y yo le dije a don Calixto que ese menda nos estaba tangando, que quería otra cosa, que yo no me lo creía. Ése iba a matar a Fernando. Y lo que son las cosas, don Calixto me dijo que yo estaba grillao, que diquelara la sangre que le salía, que nadie hacía una cosa así para engañar, que se había chinao de verdad. Total que lo acostamos en la piltra y don Calixto lo curó. Pero servidora no es tonta, de modo que se lo canté todo a Fernando y al jefe de Servicios. A Fernando le dije que tuviera cuidado con el menda, que se andara con ojo.

—¿Quién era, Baldomero?

—Uno a quien llaman «Kunfú». Bueno, le sigo contando. Llega el otro día y pasamos enfermería Fernando y yo. Vamos por las camas dando las pastillas y esas cosas y yo venga a decirle a Fernando, por lo bajinis, claro, que estuviera atento. Ese «Kunfú» había estado en todos los motines del año pasado y quería tener fama cargándose a Fernando. Es un tío muy helado, que parece poca cosa, pero que tiene una musculatura de aquí te espero. Bueno y Fernando que me decía, ¿pero lo han cacheado?, y yo que le contestaba, dos veces, Fernando, dos veces, pero un pincho se puede guardar en cualquier parte. Que yo he visto a tíos guardarse pinchos en el culo.

—No te enrolles, Baldomero. Cuenta sólo lo que ocurrió.

—A lo que iba; nos acercamos a la cama y va Fernando y se planta delante y le suelta: ¿Tú te has creído que yo soy gilipollas, tío? El otro da un salto y se lanza contra él con la cuchilla de afeitar en la mano y yo que me pongo a gritar: ¡Funcionario, funcionario! y el tío, el «Kunfú» que se arruga sin saber qué hacer, ¿no?

—¿Y qué, Baldomero, qué pasó? No te detengas ahora.

—Es que me ha parecido oír ruido ahí dentro —Baldomero señaló la celda de Fernando—. A lo mejor han terminado ya.

Julio detuvo el magnetofón y prestó atención. Con el silencio llegaron de nuevo hasta él los rumores de la prisión, los ruidos sordos que el eco multiplicaba por mil. Puso otra vez el magnetofón en funcionamiento.

—Sigue, Baldomero. ¿Los funcionarios estaban al loro?

—Naturaca, yo les había dado el queo. Mire, señor Julio, yo he visto mucho en las cárceles, pero mucho. He visto meter media cuchilla en el peluco, ¿sabe? Se abre el peluco y se mete media cuchilla de afeitar de las antiguas y luego se cierra el peluco de forma que sobresalga la mitad. El peluco se convierte en un arma terrible que te puede cortar la garganta.

—Al grano, Baldomero, por favor. No tengo cintas suficientes y quiero grabar a Fernando.

—Bueno, pues yo no estaba tranquila, y se lo solté a don Ezequiel, el jefe de Servicios, que me quiere mucho. Le dije, mire don Ezequiel lo que ha pasado. El «Kunfú» se ha chinao... en fin se lo conté todo, todito y don Ezequiel, que me tiene aprecio, pues me hizo caso. Hubiera sido un descrédito para Instituciones Penitenciarias y para su guardia, si ocurriera algo, ¿no? Vamos si matan a Fernando, Dios no lo quiera. Y por eso estaban al loro, por si acaso.

—O sea, que cuando ese «Kunfú» se lanzó contra Fernando, aparecieron los funcionarios. ¿Es así?

—Justo. Entraron dos boquerones y el jefe de Servicios, don Ezequiel, y pusieron firme a «Kunfú» y le quitaron la cuchilla. El «Kunfú» se puso a gritar que me iba a cortar el cuello por chota. Pero fíjese usted, señor Julio, justo por tener tanto peligro, me lo van a llevar en cunda a otra cárcel. Tiene un marrón de dieciséis viejas...

—Pueden pasar seis meses hasta que lo trasladen.

—Según...

Baldomero movió el pie izquierdo, arrastrándolo sobre las baldosas limpias y suspiró.

—... ya sé que los trullos de máxima seguridad están hasta los topes, pero mi Fernando es cada vez más famoso, ¿entiende? Se lo pueden llevar en cualquier momento.

—No ha pasado nada. A lo mejor desestiman el parte y aconsejan que lo vigilen más. Cualquiera sabe.

—Dios le oiga, señor Julio.

Baldomero bajó otra vez la cabeza y suspiró. Arrugó la cara y gimió, como si aguantara las ganas de llorar. Julio apagó el magnetofón.

—Cálmate, ya ha pasado todo, Baldomero.

—No se crea usted, señor Julio. Me preocupa mucho

ese doctor psiquiatra, don Ricardo Prada, el del hospital penitenciario. Es muy conocido por aquí, es el que hace siempre los exámenes psiquiátricos esos. Le llamamos el «dígame usted» porque siempre dice eso... Es muy estirado, muy educado, pero nunca dice que la gente está loca, ¿entiende? Si no estás loco, pues te meten en un trullo normal a pasar bola, a tirarte condena. En cambio, si te declaran loco, pues vas a un Centro Psiquiátrico, que es mejor. Hay enfermeras, muchos médicos y te hacen terapia y estás mejor. La comida es dabuti, tienes televisión, haces teatro... esas cosas. Señor Julio...

—¿No irás a llorar, verdad?

—Es que tengo miedo que lo declaren normal y entonces se tire perpetua en uno de máxima seguridad.

—¿Tanto lo quieres?

—Es la luz de mis ojos, señor Julio. Nunca he querido a nadie como lo quiero a él. Aunque hubiese sido el asesino de nuestro señor Jesucristo lo querría igual. A mí lo que más pena me da es que me lo quiten de mi vera, que yo no lo pueda cuidar, ni mimar. Eso es lo que me preocupa.

La puerta de «Curas» se abrió con un lento descorrer de cerrojos y Baldomero se puso en pie de un salto. Salieron dos hombres y detrás de ellos, un funcionario con el uniforme limpio y planchado. Uno de los hombres era alto, bien vestido y de unos sesenta años y Julio reconoció a don Calixto, el médico. El otro, de unos cuarenta y cinco años, vestía cazadora de cuero negra, pantalones vaqueros y llevaba un maletín grande y que parecía pesado. Fernando se asomó unos instantes con expresión distraída. Baldomero le hizo señas, pero él no se dio por aludido. El funcionario cerró la puerta y corrió los cerrojos.

—¿Qué haces aquí, Baldomero? —preguntó el médico—. Tenías que estar pasando la medicación.

Lo dijo en tono distraído, amigable, pero sonó como lo que era, una orden que había que cumplir.

—Ya lo he hecho, don Calixto.

—Siempre tienes respuesta, ¿verdad? —dijo el funcionario.

—No estés dando vueltas, Baldomero. Si no tienes nada que hacer, te pones a hacer vendas —dijo el médico.

Julio se dirigió al funcionario.

—¿Puedo entrar yo ahora?

—No, lo siento —contestó—. Tiene usted autorización de nueve a diez y media. Lo siento.

—Es usted el escritor, ¿verdad? —preguntó don Calixto.

—Sí, doctor. Y me acaban ustedes de fastidiar —sonrió—. Era mi tiempo.

—Bueno, lo siento. Pero aquí el doctor Prada no podía en otro momento y el Juzgado es lo primero. Comprenderá usted.

El psiquiatra encendió un cigarrillo y observó a Julio con atención.

—¿Qué está haciendo usted con Fernando? ¿Es abogado?

—Escritor —contestó el médico.

—Intento escribir un libro sobre Fernando —añadió Julio.

—Es la comidilla en la prisión —el médico sonrió—. Nada menos que un escritor al servicio de nuestro preso más popular —se dirigió a Baldomero que seguía la conversación con atención—. Anda, vete a tus ocupaciones, venga.

—Lo que usted mande, don Calixto.

Baldomero se marchó pasillo adelante, hacia la enfermería, y el funcionario dijo:

—La verdad es que esta mañana, bien temprano, lo he visto repartir las pastillas.

—¿Es usted periodista? —preguntó el psiquiatra.

—No, escritor. Tengo permiso de Instituciones Penitenciarias y del director del Centro.

—No le preguntaba eso. Estoy interesado en todo lo que concierne a Fernando Ruiz, sobre todo en lo referente a su ego. Nunca he visto un yo tan distorsionado. Es un fabulador nato, un embustero crónico. No creo que ese libro tenga validez.

—La literatura es una cosa, la psiquiatría otra.

El psiquiatra se encogió de hombros, mientras daba caladas a su pitillo.

—Yo no me fiaría nada de lo que dice ese hombre.

—¿Está loco, doctor? —preguntó Julio.

—Según lo que usted entienda por loco. Su narcisismo es inmenso, monstruoso, sin fisuras. Y, sobre todo, no duda. La duda no entra en su cabeza. Sin embargo sabe lo que se hace, tiene conciencia de sus actos.

—Trabajamos con magnetofón. Él me cuenta su vida y yo, más tarde, corrijo las cintas, las adorno un poquito y las paso a papel. Está todo a su disposición, doctor.

—Muchas gracias, pero no lo necesito. Los psicópatas y los escritores tienen bastantes puntos en común —sonrió—. Pero dudo que Fernando le esté contando la verdad.

—¿Quién conoce la verdad, doctor?

—¿Tomamos un cafelito, Ricardo? —intervino el médico.

—Buena idea —contestó el psiquiatra.

Don Calixto se dirigió al funcionario:

—Mire, Lucas, a lo mejor hoy podemos hacer una excepción con nuestro escritor. Ha venido hasta aquí y por nuestra culpa se va a marchar de vacío. ¿Podemos dejarle entrar un ratito?

—Si usted lo dice, don Calixto.

—Bajo mi responsabilidad —tomó al psiquiatra del hombro—. Venga, vamos a por el cafelito.
—Gracias —contestó Julio.
Se despidieron de Julio dándole la mano. El funcionario preparó las llaves.
—¿Contento, señor Julio?
—Sí, sois todos muy amables conmigo.
—Don Calixto es un pedazo de pan, los internos se cachondean de él y no digamos el Baldomero ese de los cojones. Hace lo que quiere.
Abrió la puerta.
—Un rato nada más, eh. Que luego me la lío.

21

Julio lo encontró muy enfrascado, copiando la Enciclopedia en un cuaderno de tipo escolar, de tapas azules. Estaba sentado con los codos apoyados en la mesa blanca de formica.

Fernando aguardó a que el funcionario cerrara la puerta, entonces levantó la cabeza.

En el cuaderno, su letra cuadrada y de imprenta parecía una procesión de hormigas.

Julio se acercó a la mesa y colocó su maletín en el suelo.

—¿Qué estás haciendo? —preguntó.

—¿Tú que crees?

—Parece que estás escribiendo, ¿no?

—Déjame en paz, ¿vale, Julio? No jodas más.

—¿Para qué copias ese libro? Es de 1947, una edición muy antigua, ¿no?

Fernando copiaba una lección cuyo título era: «Buena educación y buenos modales abren puertas principales.»

Cerró la Enciclopedia y el cuaderno de golpe y dirigió a Julio una mirada furiosa.

—¿Es que no has oído? He dicho que me dejes en paz.

Julio levantó las manos y sonrió.

—Está bien, perdona, tío, perdona. ¿Qué mosca te ha picado conmigo? Yo no soy psiquiatra. Si estás ocupado me lo dices y en paz. Vuelvo otro día. Pero me gustaría terminar tu libro antes del juicio. Tú verás.

—No habrá ningún libro, Julio. ¿Lo entiendes o te lo repito?

Julio arrimó la otra silla y sacó del bolsillo la lata de atún para las cenizas y la colocó en una esquina de la mesa. Luego extrajo el paquete de cigarrillos y sacó uno que se colocó entre los dedos. Fernando le dio un golpe en la mano y el cigarrillo salió disparado y fue a parar al otro lado de la celda.

—Aquí no se fuma.

—Bueno, como quieras. Está bien, pero no tenías que habérmelo tirado. ¿Se puede saber qué te pasa?

—Pues que no va a haber ningún libro a mi costa. Eso es lo que pasa. Si quieres hacer un libro sobre mí, pagas.

—Oye, Fernando, esto no es normal. Hemos hablado mucho sobre el libro. Lo firmaremos los dos. Iremos a medias. ¿A qué viene eso ahora?

Fernando alargó el brazo y colocó el dedo índice sobre la mejilla de Julio. Éste no se retiró, pero sintió la punzada que le pinchaba la cara.

—Si quieres libro, paga. De mí no se aprovecha nadie.

Julio aún trató de sonreír.

—Llevo casi un mes viniendo a verte. Creí que éramos amigos. No tengo dinero para pagarte. Vivo de la pensión de mi madre.

—Pues te largas.

—Oye, Fernando, no podemos parar ahora. Esto es ridículo, ¿por qué no me explicas qué te ha pasado?

—Si no tienes pasta, te largas y santas pascuas. No me interesa que me hagas ningún libro.

Julio se puso en pie despacio y se guardó la lata de

atún en el bolsillo de la chaqueta. Fernando volvió a abrir el cuaderno y se sumergió en su lectura.

La sala de curas de la enfermería continuaba impoluta y ordenada, la cama perfecta. La maleta en la misma posición que siempre.

—¿He hecho algo que no te ha gustado...?

Fernando continuó sin levantar la cabeza.

—... he trabajado mucho contigo, he transcrito tus conversaciones, te he hecho caso en todo. He hablado con tu padre. Mi tiempo vale también.

—Diez segundos, Julio —dijo Fernando, sin mover los ojos del cuaderno—. Te doy diez segundos a partir de ahora. Si no te marchas, llamaré al boquera. Uno... dos... tres...

Julio se acercó a la puerta y comenzó a golpearla.

—¡Funcionario, funcionario!

—... cuatro... cinco... seis... siete...

—¡Funcionario, ábrame!

—... ocho... nueve...

—¡Abra, abra! ¡Funcionario!

—... y diez.

Fernando cerró el cuaderno y se puso en pie con la mandíbula contraída y el ceño fruncido. Julio sintió una oleada de terror desde la cabeza a los pies. Continuó golpeando la puerta. Fernando avanzaba hacia él con pasos cortos, demorando el momento.

Se detuvo a su lado. La furia le crispaba. Julio vio cómo alzaba el brazo. Lucas abrió la puerta.

—¿Qué ocurre? —preguntó.

Julio se quedó sin palabras. Fue consciente de que miraba fijamente al hombre uniformado que tenía delante y que era incapaz de hablar.

El funcionario adelantó la cabeza y atisbó dentro de la habitación.

—No pasa nada, Lucas —dijo Fernando—. Aquí el señor que se quiere marchar.

—¿Tan pronto? —preguntó el funcionario.

—Tiene prisa, se marcha.

Julio traspasó la puerta como un autómata. Dio un paso hacia el corredor. Escuchó las voces de Fernando y Lucas que debían de estar contándose algo divertido. Lucas soltó una carcajada.

El pasillo parecía infinito. Se volvió. Lucas llevaba el maletín que había olvidado al pie de la mesa.

—Se dejaba esto —le dijo, y su voz sonó suave y amistosa.

Julio lo agarró. Lucas se dio la vuelta, cerró la puerta y echó el cerrojo.

—¿Hoy se marcha antes, señor Julio?

—Sí, tengo prisa... Tengo cosas que hacer. ¿Sabe dónde está Baldomero? Me gustaría hablar con él.

—Debe de estar en enfermería —el funcionario miró el reloj—. Por ser usted le dejaré ir a verlo, señor Julio.

—Se lo agradezco mucho.

Lucas lo acompañó por el pasillo hacia la sala del fondo desde la que se escuchaban voces roncas y ruidos de muebles al ser movidos. La voz atiplada y un poco chillona de Baldomero se distinguía entre todas las demás. Lucas empujó la puerta y dejó que Julio contemplara las dos filas parejas de camas.

Las paredes estaban pintadas de blanco y había dos ventanales enrejados. La luz de la mañana inundaba la habitación. Un grupo de hombres en pijama y camiseta fumaban sentados en las camas. Cuando el funcionario, acompañado de Julio, asomó la cabeza, las conversaciones cesaron. Baldomero trasladaba una mesita de noche de madera sin pintar y se detuvo.

—Baldomero —llamó el funcionario—, este señor quiere hablar contigo.

—Enseguida, señor Lucas. Enseguida estoy con ustedes.

—Y vosotros —dijo el funcionario— menos cachondeo que os doy el alta ahora mismo.

Los hombres se tumbaron en las camas y se taparon. Baldomero se acercó, secándose las manos.

—¿Quería usted algo, señor Julio?

—Sólo te voy a molestar un poquito, Baldomero.

—Iros al pasillo un ratito, sólo un ratito, ¿vale?, que me ponéis en un compromiso —dijo el funcionario.

—Gracias, Lucas —le dijo Julio—. Te lo devolveré enseguida.

Julio y Baldomero salieron de la enfermería y se encaminaron por el pasillo en dirección a la sala de curas, donde estaba recluido Fernando. Julio agarró a Baldomero del brazo y lo detuvo.

—Fernando se ha vuelto loco, me ha despedido. Me ha dicho que ya no quiere saber nada de mí, el libro se acabó.

Baldomero bajó los ojos. Alguien gritó en alguna parte de la prisión y el sonido se expandió, como entre los muros de un desfiladero. Oyó el ruido metálico y seco de puertas que se abrían y cerraban, de pasos sonoros que iban y venían. Baldomero no abría la boca.

Julio aguardó.

—Ya lo sabía, señor Julio —dijo al fin.

—Pero, ¿por qué, Baldomero, por qué? No lo entiendo. ¿Qué es lo que le ha pasado?

—Fernando sufre mucho, señor Julio. Lo está pasando muy mal, el pobre. Se ha puesto a pensar y a pensar, ¿entiende, señor Julio? Si no lo dan por loco, lo condenan a quinientos años de cárcel, en un trullo normal. Con buena conducta y redención de penas por el trabajo, puede salir a los quince años. O sea, cuando cumpla cuarenta y siete, como poco. Quiere que lo den por loco, ¿entiende? Quiere ir a un Hospital Psiquiátrico...

Baldomero levantó la vista y observó en silencio

la puerta cerrada, detrás de la cual se encontraba Fernando. Prosiguió:

—... está jodido por el psiquiatra ese, don Ricardo Prada, ese desgraciado. Ese cabrón es muy listo, ¿sabe?, y Fernando tiene que prepararse muy bien.

—Ya, entiendo. Su defensa va a basarse en que destrozaba y violaba a las viejas bajo un impulso irrefrenable de odio hacia su madre-abuela. ¿No es así? Pero eso, ¿quién lo ha montado, él? Mira, Baldomero, no me creo que Fernando haya urdido esa estratagema. No es tan listo.

Baldomero bajó la mirada y asintió, con la cabeza.

—Ha sido su abogado.

—¿Quién? Pero, ¿qué dices? Él no tiene abogado.

—Sí, señor Julio, Fernando tiene abogado. Desde el principio y no me pregunte más, porque no sé más.

—¿Desde el principio?

—Sí, señor Julio, desde el principio. Un abogado muy famoso, catedrático él.

—Me ha estado utilizando. Y me tira como un trapo sucio a mitad del trabajo, cuando ya no le hago falta. Qué idiota he sido, Baldomero. Iba a escribir mi gran libro, ¿entiendes? Iba a dejar esas porquerías de novelas del Oeste y profundizar en la mente de un... de un...

—¿Asesino, señor Julio?

—... sí, por qué no decirlo de una vez... De un asesino de viejas, un monstruo sádico capaz de matar y violar a dieciséis ancianas.

—Las cosas se ven diferentes dentro y fuera del trullo, señor Julio, por eso usted no comprende. La supervivencia es lo más importante, señor Julio.

—Mira, Baldomero, yo entiendo que tú estés de su parte, pero no lo justifiques, hace un rato me ha dicho que si quería escribir su libro tenía que pagarle. Me chantajea, Baldomero, me chantajea a mí. ¿Es que me he portado mal con él, eh, dime? ¿Me he portado mal?

22

Señoría, tengo que manifestarle que voy a presentar un recurso de amparo. Mi defendido ha estado sufriendo y está sufriendo en estos momentos, una presión psicológica y física inaceptable. Desde que está encarcelado han intentado matarle tres veces y en estas condiciones sus declaraciones no pueden considerarse sujetas a derecho. La ley de procedimiento judicial...

—Conozco la ley, señor letrado.

—En ese caso no insistiré más. Voy a invalidar todas las declaraciones que ha efectuado a su señoría desde que se le incoó el proceso. ¿El magnetofón está funcionando?

—Efectivamente, funciona.

—Bien, en ese caso le comunico, con el debido respeto, que sus declaraciones fueron efectuadas sin asesoramiento legal. Lo que inculca la ley.

—Si usted, señor abogado de la defensa, hubiera escuchado con atención las cintas magnetofónicas o las transcripciones juradas y firmadas que se han efectuado, sabría que este Juzgado de Instrucción ha sido muy cuidadoso con el acusado. Se le ha instado repetidas veces para que aceptara un letrado de oficio y el acusado se ha negado siempre, aduciendo pretextos que consideramos fútiles...

—Señoría, mi defendido no es un hombre versado en derecho. Su instrucción y estudios son mínimos y ha estado acosado por hombres que querían matarlo. Está suficientemente probado que, al menos, han intentado matarle tres veces. Por otra parte, y siempre con el debido respeto a su alta magistratura, usted no ha tenido en cuenta el principio básico en el que se fundamenta todo derecho: el principio inamovible de presunción de inocencia. Un repaso breve y rápido a las transcripciones de las cintas magnetofónicas que el señor secretario ha tenido a bien grabar, lo demuestran a todas luces. Usted ha estado acosando a mi defendido, insultándolo y dando a entender que era culpable de los crímenes que se le imputan.

—Soy juez desde hace veinte años, señor letrado, y no me va a enseñar usted ahora mi oficio. Hemos sido escrupulosos con la ley. Jamás hemos conculcado el sagrado derecho a la presunción de inocencia. En cuanto a la asistencia letrada, queda muy claro en las transcripciones que siempre he insistido en la presencia a su lado de un abogado defensor. No creo que prospere su recurso de amparo.

—¿Sabía usted que varias veces han querido matarle, estando dentro de esta prisión? ¿Lo sabía, señoría?

—¿Es eso cierto?

—Sí.

—¿Y por qué no lo ha manifestado?

—Estaba asustado.

—¿Usted asustado, señor Ruiz?

—Con el debido respeto, señoría. Mi defendido se encuentra en un estado cercano al shock psíquico. Su vida peligra de forma real. No es una invención. En estas condiciones sus declaraciones no son válidas.

—¿Quién quiere matarle, señor Ruiz?

—Ellos.

—¿Quiénes son ellos?

—Con la venia...

—Deje que conteste él, señor letrado. Es una pregunta concreta y fácil.

—Ellos, los reclusos... Me han herido tres veces. La última vez en la enfermería. No me dejaban ir a patios...

—Mi defendido ha estado sin salir a patios, condenado ya sin juicio. La cosa es obvia, señoría.

—Deje usted que termine de hablar, letrado.

—Ya se lo ha explicado a usted. No tiene más que decir. Le pasaré a usted, señoría, los informes de los funcionarios de esta prisión. Espero que se convenza. Mi defendido ha sufrido vejaciones sin cuento, acoso y su vida ha estado en peligro. Repito que en estas condiciones sus declaraciones no sirven. Exigiremos otro juez instructor, señoría. Y perdone mi franqueza.

—Usted es todo menos franco, letrado.

—Con el debido respeto, será usted relevado de la instrucción de este proceso, señoría.

—No lo conseguirá. La instrucción que hemos llevado a cabo es inmaculada y respetuosa con el derecho.

—Nosotros opinamos lo contrario.

—Este Juzgado de Instrucción hasta se ha personado en la prisión para obtener las declaraciones del acusado, evitándole desplazamientos inútiles. De todas formas, sigo siendo el juez instructor y voy a seguir cumpliendo mi cometido.

—Mi defendido rehúsa contestarle. Se encuentra aún bajo los efectos del continuado trauma psíquico que ha venido soportando todos estos días.

—Se transcribirá y constará en las diligencias.

—Por supuesto, señoría. El señor Ruiz, mi defendido, está dispuesto a responder todas sus preguntas en cuanto los efectos del trauma psíquico que ha estado sufriendo, y que sufre, se palien.

—¿Ahora es usted el señor Ruiz? Qué cosa más extraña. ¿No quería usted llamarse de otra manera, señor Ruiz?

—¿De otra manera? No comprendo esa pregunta, creo que no es pertinente. Mi defendido se llama Fernando Ruiz Muñoz. ¿A qué viene eso, señoría? ¿Puede explicarse?

—Mejor que lo explique él.

—Me llamo Fernando Ruiz Muñoz. Y siempre me he llamado así.

—Es increíble. Hasta hace poco afirmaba llamarse Seoane y no Ruiz. No le gustaba que le llamásemos Ruiz. Ha declarado repetidas veces que Ruiz no era su verdadero nombre.

—Me llamo Fernando Ruiz Muñoz.

—Antes no decía usted eso. Decía llamarse Seoane.

—Debería leer usted los dos informes periciales que esta defensa ha entregado en el juzgado, señoría. Aclaran mucho sobre la personalidad disociada y psicopática de mi defendido.

—Los he leído, por supuesto. También he leído los informes periciales del doctor Mallada, aportados por el Ministerio Fiscal. Pero dejemos estos extremos, que son propios de un juicio y no de un mero interrogatorio, que es lo que quiero hacer.

—Tengo seis hermanos y todos se llaman Ruiz Muñoz, señoría. Aunque apenas si los veo, me odian. También me odian mi padre y mi madre. Nunca me han querido. Me crié con mi abuela y mi abuelo maternos hasta que también murieron y entonces me casé y me salió mal el matrimonio por culpa de mi suegra. Después me fui a la Legión. Siempre quise a mi abuela como si fuera mi madre, mejor dicho, más que a mi madre. A mi madre nunca la he querido. Mi abuela me trató muy bien, fui un hijo para ella. Lo mismo mi abuelo Gerardo, que aunque bebía, era bondadoso conmigo.

—¿Por qué me dice usted eso ahora?

—Mi defendido quiere contarle a usted su vida, eso es todo.

—Sus datos están en las diligencias. No hace falta que me los repita, los sé de sobra. Y no deseo que me cuente su vida. Deseo que conteste a una serie de preguntas que tengo preparadas. La policía judicial, bajo mis órdenes, ha conseguido, a mi juicio, más pruebas que lo incriminan como posible autor de dieciséis asesinatos a ancianas. Es a eso a lo que me debe contestar y no contarme su vida.

—La vida de mi defendido es fundamental para... en fin, para explicar algunas situaciones posteriores.

—¿Para explicar el asesinato alevoso de dieciséis ancianas, letrado?

—Yo no he dicho eso, señoría. Es usted quien lo dice. Con la venía, solicito que mi defendido sea trasladado a una institución penitenciaria que cumpla con el deber de velar por su vida y su integridad física y psíquica, conforme a derecho. Solicito, asimismo, asistencia médica continua para mi defendido. Es intolerable que, incluso teniendo en su poder el peritaje psiquiátrico, no se le haya suministrado medicación adecuada.

—Éramos siete hermanos, ¿sabe? El primero murió por el hambre de la posguerra. Yo soy el que hace el número cuatro. Éramos tan pobres que mi padre y mi madre me dejaron con mis abuelos, ellos no podían alimentarnos a todos. Mi padre era jornalero y...

—Mi defendido no está en condiciones materiales, ni psíquicas para contestar. Le ruego que lo tome en consideración.

—... mi madre fue criada, antes de casarse. Más tarde se puso a hacer faenas en una Cafetería en Santander...

—Todo eso viene en las diligencias, señor Ruiz. No hace falta que lo repita. De todas maneras, ¿de qué padre habla usted, señor Ruiz? Está registrado y transcrito que usted mencionaba a otro padre.

—Mi defendido trata muchas veces a su abuelo como padre, de ahí la confusión, señoría.

—A mi abuela la he querido más que a mi madre.

—Deje usted de decir sandeces. Si no desea usted responder al interrogatorio, no lo haga. Está en su derecho, pero yo no tengo por qué escuchar su vida. ¿De acuerdo?

—Mi defendido necesita atención médica. Con la venia, pido respetuosamente que el interrogatorio se haga en otro momento.

—Petición concedida, señor letrado. La próxima vez serán ustedes citados en el Juzgado. Ésta ha sido la última ocasión en que nos hemos personado en la prisión. Señor secretario, por favor, acabe con la transcripción magnetofónica.

—Sabia decisión, si me lo permite, señoría.

23

Estuvo varias noches sin venir a verme. Pensé que tenía cosas que hacer o sueño y no me preocupé demasiado. Mis guardias nocturnas eran las mejores del cuartel, ¿entiendes?, no se movía un hombre de la compañía sin que yo lo supiese, y los partes de incidencia eran perfectos. Conmigo no valían tejemanejes ni favoritismos de ninguna clase, como era corriente en otras compañías.

A los cabos de guardia era muy fácil sobornarlos con un par de botellas de güisqui o una bola de hachís. Pero a mí, jamás. Nunca consentí que nadie, sin permiso, faltara de los barracones. Conmigo no valían botellas, hachís o cualquier otra cosa. De mi compañía sólo faltaban los que poseían pase de pernocta o los de baja médica. El resto tenía que estar en los camastros al toque de retreta. Y eso lo sabía todo el mundo.

Yo estaba orgulloso de mis galones amarillos de cabo primero, que me daban derecho a entrar en la cantina de suboficiales y a dormir en las dependencias especiales para solteros, aunque prefería estar en los barracones de tropa hasta que no obtuviese la graduación de sargento especialista que estaba seguro de ganarme al año siguiente.

Mi ascenso era la comidilla de la compañía y yo creo que de todo el cuartel. Nadie, que recordaran los más viejos, había ascendido tan rápidamente en el cuerpo. Lo normal era reengancharse dos veces para conseguir el galón rojo de cabo y otras dos veces para el amarillo de primero. Sin embargo, yo lo había conseguido en menos de un año y, claro, eso despertaba envidias entre los cabos primeros y sargentos más viejos.

Me criticaban a mis espaldas, pero nadie se atrevía decir esta boca es mía en mi presencia, porque ya sabían cómo las gastaba yo.

Fue una época estupenda, lo mejor que me pudo ocurrir. La vida militar se había hecho para mí. Yo funcionaba con ella con la precisión de un reloj. Ahorraba casi la paga entera y no gastaba prácticamente nada. Tenía ropa gratis, casa, comida, lavado y planchado.

Y como no fumaba ni bebía, mis gastos eran mínimos, de modo que empecé a calcular que al final del año tendría una pequeña fortuna en mis manos, un dinero que iría acumulando al pasar de los años. Yo ya daba por seguro que jamás abandonaría el ejército.

Salía muy poco a Melilla. Y cuando lo hacía iba de uniforme de paseo al cine o a sentarme en la terraza de la cafetería Metropol, cerca del Casino de Oficiales, en la plaza de España. Pero casi todo el tiempo lo pasaba estudiando para el examen de sargento que se celebraría a final de año.

Tenía un método. El mismo que empleé cuando era un niño en Villena. Me puse a copiar el temario. Empecé por el primer tema, lo copiaba y cuando terminaba, pasaba al siguiente.

Y al finalizar, volvía a empezar. Mi intención era la de aprenderme el temario de pe a pa. Sin que me faltara una coma, un punto.

Si aprobaba —estaba seguro de aprobar— me destinarían tres meses a Almería para el cursillo. Y si conseguía un número alto en mi promoción —yo estaba seguro de conseguir el número uno— podría elegir destino, incluso en otra arma.

Pero yo elegiría la Legión y ese mismo regimiento. La emoción de pensar que pronto sería sargento me estimulaba a estudiar. Prácticamente me sabía de memoria el temario.

Para remacharlo, lo escribía una y otra vez en unos cuadernos que había comprado en el economato.

Un domingo me di cuenta de por qué el capitán Casado llevaba tantas noches sin acudir a las guardias a charlar conmigo.

Aquel día había formado a mi pelotón —tenía un pelotón aunque aún no fuera sargento— y lo conduje a la explanada central donde se realizaba la misa. Aquella ceremonia me gustaba mucho. Era muy vistosa, muy bonita.

Todo el regimiento solía formar en uniforme de gala con las banderas y las mascotas, como si fuera un desfile. Frente a todos se encontraba el altar donde el comandante castrense oficiaba la Santa Misa. Delante, una fila de bancos donde se sentaban los oficiales y jefes con sus mujeres y niños y detrás, en formación, el regimiento entero, encabezado por los suboficiales.

Nos situábamos por compañías, de manera que yo sabía exactamente dónde iría mi pelotón. Lo conduje a paso de marcha, ordené alto, firmes a cubrirse y descanso, y yo me puse a la cabeza. Los otros pelotones fueron entrando. La banda del regimiento tocaba marchas militares. Parecía un domingo normal. Entonces lo vi.

Sentí que el corazón iba a reventarme el pecho. Creí morirme. Sólo el sentido del deber y la disciplina impidieron que se me doblaran las piernas y cayera al suelo. Por primera vez desde que yo estaba allí, el capitán Casado no estaba solo. A su lado, en el banco de oficiales, había una mujer.

Distinguí una cabellera negra moviéndose al suave viento de la mañana, la parte alta de un vestido estampado, a mi juicio impropio de una mujer que acompaña a un oficial legionario en una misa.

No la vi bien hasta que se levantó para santiguarse cuando el castrense empezó la ceremonia.

Tal como lo había imaginado —y se demostró después— era una mala puta. Tenía la cintura estrecha, apretada con un cinturón, y las caderas anchas y ceñidas por la tela del vestido. El culo se le notaba como si el vestido fuera pintura sobre la carne.

Me dio lástima del capitán. Él, un hombre tan caballero, un militar de una sola pieza y en manos de esa desvergonzada.

Entonces no tenía pruebas del comportamiento de esa mujer, pero pronto supe hasta qué punto era peor que el demonio.

Al otro día estaba yo en el cuarto de guardia copiando el temario, cuando se presentó el capitán Casado.

Me puse firme y le dije que estaba a sus órdenes. Él no mencionó siquiera lo de la mujer, aunque debía de saber que todo el mundo la había visto, incluido yo.

El capitán Casado me dijo que se estaba construyendo un chalet en la carretera de Farhana. Un bonito chalet con piscina y jardín, de dos plantas, pero que llevaba mucho retraso. Me pidió —no me lo ordenó, me lo comentó como si se tratara de un favor de amigo a amigo— que me encargara de supervisar las obras.

Sospechaba que los obreros y los legionarios que se lo estaban construyendo lo único que hacían era vaguear y tomar el sol. La casa tenía que estar terminada para Navidades porque se iba a casar y quería regalarle a la novia el chalet.

Yo le contesté que sí, que a la orden mi capitán, lo que él quisiera. Se lo dije de corazón aunque me di cuenta de que me iba a retrasar en la preparación de mi examen a sargento.

Me rebajó de todo servicio y al otro día cogí uno de los Jeep del parque móvil del cuartel y el capitán y yo nos fuimos al chalet.

Tal como me había dicho el capitán, la gentuza que trabajaba allí eran todos unos vagos. Había tres cuadrillas de legionarios, y seis o siete peones moros. Yo los puse firmes a todos y empecé a organizar los turnos de trabajo. El capitán no cabía en sí de alegría. Por fin se le iban a arreglar las cosas.

Allí mismo, delante de todo el mundo, me dio un abrazo y me dijo que confiaba en mí.

Yo no sabía nada de albañilería, fontanería o de cómo se construía una casa, pero todos los legionarios que estaban allí sí que lo sabían. La mayoría eran antiguos albañiles, fontaneros, ferrallistas, pintores y electricistas.

El capitán me dijo que si necesitaba más gente, no tenía más que decírselo a él, que lo solucionaría enseguida.

Nada más marcharse el capitán, les dije lo que pensaba de ellos y organicé el trabajo. Yo no sabía nada de albañilería, como ya te he dicho, pero de lo que sí sabía era de organizar a la gente. Yo creo, Julio, que soy un jefe nato. Una persona a la que la gente sigue. Que infunde autoridad, vamos.

Bueno, a partir de ese momento, el trabajo empezó a enderezarse y a marchar bien. En una semana se adelantó más que antes en un mes.

Yo acudía a la obra por las mañanas, llevando a la gente en un camión desde el cuartel. Los moros ya nos esperaban a pie de obra, con las herramientas listas y limpias y todo arreglado. Nos poníamos a trabajar enseguida, parábamos para el bocadillo —que nos preparaban en las cocinas por orden del capitán— y continuábamos hasta la hora de la comida, en que regresábamos al cuartel.

Después de comer volvíamos al chalet y nos quedábamos allí hasta las seis o siete de la tarde, cuando finalizaba el trabajo.

El capitán tenía por costumbre llegar a esa hora para ver cómo iban las obras. Nos traía una caja de cervezas que los hombres tomaban con alegría y espíritu de camaradería, como es costumbre entre Caballeros Legionarios.

Yo no bebo, por lo tanto las cervezas eran para los demás legionarios. A los moros no les dábamos porque su religión se lo prohibía y, además, se emborrachan con mucha facilidad y se ponen pesados y agresivos.

Como ya te he dicho al principio, el capitán Casado se volvió loco de alegría al constatar la rapidez con que se desarrollaban ahora las obras.

El chalet, con su piscina, estaría terminado en el plazo previsto, quizás antes.

Algunas veces la mujer acompañaba al capitán al chalet. La mayor parte de las veces se quedaba en el coche y no abría la boca, sino que se limitaba a mirar y a preguntarle cosas al capitán. Pero otras veces bajaba del coche y curioseaba por entre los ladrillos y las tuberías, molestando con sus fisgoneos.

Yo sabía que me miraba y me provocaba para encelarme. Lo mismo que hacía con el capitán, que parecía un pelele cuando estaba en su presencia.

Daba pena contemplar al capitán. Era como una marioneta en manos de esa mujer, un perrillo faldero. Pegado a ella, estaba pendiente de sus menores caprichos, babeando y con una sonrisilla viscosa en la boca.

Y ella lo sabía y ejercía su poder omnímodo sobre él delante de sus hombres. Había veces en que la burla era tan patente, tan clara, que me daban ganas de estrangularla con una sola mano.

La presencia del capitán y del resto de los hombres me impedía hacerlo, pero sabe Dios que varias veces estuve a punto de no poder controlarme.

Ella se daba cuenta, claro. No era nada tonta. Supo que yo lo sabía. Que había descubierto su juego. Podía haberse callado, podía haberse comportado con corrección y no como una mala puta, pavoneándose por ahí, mostrando su cuerpo ceñido por la ropa, consciente de lo que provocaba entre los hombres.

Han pasado diez años desde entonces y aún me acuerdo de ella, de su cabello negro, sus ojos afilados y su cuello largo y níveo.

Sin embargo, y es curioso, no me acuerdo de su nombre. Quizá fuera Marisa o Mari Tere o algo parecido, pero no logro acordarme. Tampoco sé si sigue con el capitán, cargada de hijos, gorda y sucia como una burra.

Lo único que sé es que aquella mujer me destrozó la vida. Ha sido la que más daño me ha hecho de entre todas las mujeres que me han hecho daño, que han sido muchas por no decir todas.

Acabó con mi futuro militar. Quizá, todo lo que me ocurrió después no habría ocurrido si yo hubiese seguido en la Legión.

Como ya digo, la perra esa iba bastante a menudo con el capitán a ver la marcha de las obras. Nunca había ido sola, hasta una tarde que llegó un poco antes del anochecer con el pretexto de medir el porche que le íbamos a hacer.

Los hombres ya se habían marchado y yo me había quedado a terminar la colocación de las tuberías del agua, junto a los peones marroquíes.

Había sido una tarde calurosa y yo trabajaba sin camisa. Ella descendió del coche y se acercó a mí, caminando entre los ladrillos. Yo me volví. La muy perra me sonreía...

Julio detuvo el magnetofón y aguzó el oído. La puerta se había abierto y cerrado. Su madre había entrado en la casa. Ahora oiría sus pasos menudos y un poco saltarines.

Sintió de nuevo la opresión en el pecho que le subía hasta la garganta. Apretó el botón y escuchó otra vez la voz de Fernando, pero ahora pensaba en otra cosa.

... y yo la saludé con educación y me puse a sus órdenes. Ella comenzó a enredarlo todo, a preguntar tonterías. Los peones moros se reían por lo bajo, mirando su cuerpo de reojo y codiciándolo... Pero ella se contoneaba cada vez más y me rozaba deliberadamente.

Sí, lo hacía a propósito, se acercaba a mí como una perra, rozándome a cada momento. ¿A qué había venido si no? Sabía perfectamente que el capitán tenía reunión con el coronel.

¡Qué desvergonzada era, qué asco me daba!

Y qué pena sentía por mi capitán, que había despreciado mi amistad pura de hombre por refocilarse con esa perra.

Eché a los moros y me quedé a solas con ella. Si hubiera sido una señora de verdad, la prometida de todo un Oficial Caballero Legionario, se hubiese marchado. Una señora de verdad no se hubiese quedado a solas con un hombre que no fuese su marido o su novio...

Pero, claro, ella no era una señora. Era una cualquiera...

¿Había llegado su madre?, pensó Julio. No escuchaba sus pasos.

... una vulgar ramera que me dijo que me pusiera la camisa, que a lo mejor tendría frío. Yo le contesté que no hacía frío, pero me puse la camisa. Las miradas burlonas y descaradas que lanzaba a mi torso desnudo eran difíciles de soportar.

Se acercó. Me dijo que tenía que darme las gracias y me miró a los ojos, una mirada descarada, calculadora. Yo no pude más, le agarré la blusa y se la rompí. Sus pechos tintinearon en la noche. Gritó y fingió que no esperaba mi reacción, intentó escapar.

La alcancé y la tiré al suelo. Seguía gritando, moviéndose como una rata. La golpeé en la boca con el dorso de la mano y se calló de pronto.

Había comprendido. Empezó a jadear, excitada. Me dijo que no le hiciera daño, por favor. Que haría lo que yo quisiese. Le dije que se abriera de piernas. Lo hizo y le rompí las bragas.

Pero todavía fingía. Después de excitarme como me había excitado, se ponía a llorar. Era el colmo. Le dije que no tenía más remedio que complacerme, que yo era un hombre y estaba a punto, que mirara mi pene.

La penetré con fuerza, como se merecía, y comenzó a gritar. Allí no había nadie que pudiera oírla, pero le tapé la boca y la pegué un poco más para que supiera quién era el que mandaba.

Dejó de moverse y gozó. Ya lo creo que gozó. Eso era lo que se estaba buscando y eso fue lo que se encontró.

Al otro día, el capitán Casado me despertó apuntándome con una pistola en la cabeza. Echaba espuma por la boca y la mano le temblaba. Dijo que iba a matarme, que había violado a su prometida...

—Hijo, aquí te traigo todos los que he encontrado.

Julio se volvió. Su madre sostenía un montón de periódicos y revistas entre las manos. Apagó el magnetofón y se volvió en la silla.

Una extraña indecisión le embargó. Tuvo miedo de que fueran verdad sus sospechas.

La madre dejó el montón de periódicos sobre la mesa y suspiró. Casi siempre suspiraba en presencia de Julio. Llevaba aún la ropa de calle, pero se había quitado los zapatos y los había cambiado por sus chancletas. Por eso no la había oído caminar por la casa.

—Bueno, gracias, mamá.

—¿No los miras?

—Luego.

—No traen nada sobre el violador. He ido a un café, me he sentado en una mesa y he desayunado un poquito. Hijo ¿no sales? Hace una mañana preciosa. Seguro que no has dormido en toda la noche. Verás, los he mirado todos de arriba abajo y no hay nada. Pero míralos tú otra vez. A lo mejor se me ha pasado algo.

Le puse la mano en el hombro. Una mano fría y huesuda. Sintió cómo el frío traspasaba la tela de la camisa.

—Muchas gracias, mamá.

—Me encanta ayudarte en tu trabajo, hijo.

—Está bien, mamá. Gracias.

—En una de las revistas sí que he encontrado un artículo muy bonito, con fotos y todo. Pero no lo he leído.

La opresión del pecho se le agudizó y tuvo que cerrar los ojos. La voz de su madre le sonaba lejana.

—Puedo abrir una carpeta, hijo, y te voy metiendo todos los recortes que vayamos encontrando.

—Sí, sí... —susurró—. Por favor, no te enfades, pero déjame que termine de trabajar, mamá.

—Hijo, yo no te molesto. Me voy enseguida... Los zapatos me dolían una barbaridad.

Julio la vio caminar hacia la puerta, encorvada bajo el viejo vestido de mezclilla.

—¡Mamá! —la llamó.

Ella se volvió y Julio le sonrió.

—Gracias, mamá. Gracias por todo.

Le devolvió la sonrisa y agitó la mano, como si se fuera a un largo viaje.

Julio apartó los periódicos. La revista era *Cambio 16*. Buscó el índice. El artículo era el penúltimo de la sección de «Sociedad». Lo habían titulado: «Historia del violador» y estaba firmado por Juan Madrid.

Ocupaba seis páginas. El periodista había entrevistado en su casa a la hija de la primera anciana asesinada, Ana Beltrán. La habían fotografiado con un retrato antiguo de su madre en las manos. El parecido entre las dos era notable.

Había también fotos de Fernando. En la primera, Fernando, con unos siete u ocho años, sonreía vestido de primera comunión. El pie de foto, decía: «José Fernando Ruiz Muñoz hace la comunión en la Capilla de su colegio. El violador aún queda lejos.»

Otra foto lo mostraba de uniforme legionario, las mangas remangadas, y sin ningún galón de cabo. Era una foto de estudio, realizada en Melilla. Abajo, el periodista había escrito: «Servicio militar en la Legión. Fue expulsado por mal comportamiento.»

La tercera foto era también de estudio. Fernando, sonriente, ceñía la cintura de una chica con el pelo corto. Debajo: «Boda civil a los dieciocho años con Natividad Pardo. El matrimonio duró poco. Hubo celos, incomprensión y juventud.»

Las siguientes fotos no eran de Fernando. Eran cinco o seis fotografías de otras tantas ancianas asesinadas, entre ellas, Ana Beltrán.

El reportaje estaba cerrado por recuadros con un texto firmado por José Fernando Ruiz Muñoz y titulado: *El gorrión caído*.

El periodista había escrito: «Ésta es la historia de la vida del presunto violador de ancianas, escrita por él mismo en la prisión. Hemos respetado su ortografía y sintaxis.»

Empezó a leer:

«Esta historia que voy a contar a continuación está basada en la vida real, vivida toda en mi propio ser, sin añadir cosas fantásticas ni ilusiones...»

24

Le abrió la puerta una chica de unos veinte años que comía una manzana a mordiscos. Vestía pantalones cortos ajustados y estaba morena y reluciente. Lo miró con sus grandes ojos castaños y le dijo:

—¿Qué desea? Mis padres no están en casa. Bueno, mi madre volverá enseguida, ha ido a la compra. ¿Es usted el del censo?

Detrás de la chica Julio divisó un amplio vestíbulo de muebles pesados que parecían de caoba. Hasta él llegó un tufillo de olla exprés.

—No, no tengo nada que ver con el censo. Me gustaría hablar con ustedes sobre el artículo que ha salido en *Cambio 16*.

—¿Es usted periodista? —la chica lo interrumpió.

Julio sonrió, tenía que caerle bien a la muchacha.

—No exactamente. Soy escritor, estoy preparando un libro sobre los crímenes del violador.

La chica lo observó de arriba abajo y Julio se sintió ligeramente incómodo.

—¿Escritor? ¿Va a escribir una novela sobre ese canalla?

—No sé si será una novela, pero necesito... información. Quisiera hablar con ustedes.

—Bueno, pase. Mi madre llegará enseguida.

La chica se apartó y Julio pasó al vestíbulo en el que había un perchero de madera, increíblemente grande, frente a un gran espejo enmarcado con la misma madera.

Julio aguardó a que la muchacha le indicara algo más, pero ella se limitó a terminar de comerse la manzana mientras volvía a observarlo.

—¿Qué es lo que quiere saber? —preguntó con la boca llena de manzana.

Julio volvió a sonreír. Al lado del espejo había varias fotos también enmarcadas en madera. Ahora estaba seguro de que lo que olía era un cocido que se hacía a fuego lento. El olor era intenso. Antes que pudiera contestar, la chica se adelantó y le habló de nuevo.

—Han venido muchos periodistas, sabe. Han hablado con mamá y con papá y les han pedido una foto de la abuela Ana para publicarla, de cuando era joven. La abuela Ana era guapísima.

—¿Usted es su nieta?

—Sí. La violó, sabe, y luego la mató, casi le destrozó el cuello. Yo estuve con ella el día anterior, por la tarde. Me daba de merendar siempre que iba a verla, era un encanto. ¿No tiene usted magnetofón?

—No, no uso —Julio se tocó la cabeza—. Todo queda aquí.

—Ya le digo, el día anterior estuve con ella merendando y viendo fotos antiguas. A mí me encantan las fotos antiguas, de cuando la abuelita era joven.

—¿Conoce usted al primo de su abuela, quiero decir, a su tío abuelo Fernando Seoane?

—¿Al tío Fernando?

—Sí.

—No lo he visto nunca, pero mi madre nos ha hablado algunas veces de él. Parece que vino a verla cuando se enteró de la muerte de la abuelita, pero yo no estaba aquí. Estaba en la academia. Estudio secretariado internacional, idiomas. Estoy en segundo curso y este verano me iré a Londres, de oper, sabe. A perfeccionar el inglés. Hoy día, sin el inglés, uno no es nada.

—¿Nunca ha visto usted a su tío Fernando?

—No, nunca. Está muy delicado de salud. Los ojos, sabe. No ve bien, tiene cataratas regresivas o algo así. Bueno, además, la familia no se habla con él —la chica señaló una de las fotos enmarcadas que colgaban al lado del espejo—. Mire, éste es él de joven. ¿Lo ve? Está con la abuelita Ana y mi madre, cuando era pequeña.

Julio se acercó. En la foto varias personas sentadas en un banco de madera, presumiblemente en un parque, le sonreían al fotógrafo. La imagen tenía ese aire marchito y opaco de las fotos antiguas. Fernando Seoane vestía un apretado traje oscuro y le daba el brazo a una mujer entrada en carnes. A su lado había otra mujer y dos hombres más. Una niña de bucles rizados le daba la mano a una de las mujeres.

En el extremo inferior derecho de la fotografía se podía leer: «Enrique Gayoso López. Fotógrafo. Bodas, bautizos, celebraciones. Calle Nueva, 24, 3.º D. Villena.»

—Ve, ésta es la abuelita Ana y éste el tío Fernando. Entonces parece que se llevaban muy bien. Mi madre es esta niña —la señaló con el dedo—. Era rubia, pero luego se le fue oscureciendo el pelo, como yo, ya sabe. Yo antes era rubia, cosa de familia.

—¿No sabe por qué se enfadaron?

La chica se encogió de hombros.

—No lo sé. Cosas de viejos. Delante de la abuelita no se podía mencionar el nombre del tío Fernando.

—¿Conocía su abuela al asesino, quiero decir, al presunto asesino, a Fernando Ruiz?

La chica sostuvo el corazón de la manzana y lo contempló como si allí estuviera la respuesta a algo.

—Bueno, yo sé lo que han contado ustedes los periodistas. Ese canalla asesino y violador siempre decía que era pariente nuestro... lejano, claro. Pero todo eso lo sabe mi madre. ¿Sabe usted que el asesino fue a casa de la abuelita a colocarle la grifería del cuarto de baño?

—Sí, ¿y usted, conocía a José Fernando?

—¿De antes?... No, no, nunca lo he visto. Dice mi madre que son desvaríos de él. Está mal de la cabeza. Psicópata, lo llaman a eso. ¿Usted cree que era pariente nuestro?

—Yo no creo nada. Se lo preguntaba porque hay algo raro, vamos, me parece a mí. Por lo visto no robó nada. Y su abuela era una señora de ochenta y dos años. Además, Fernando estuvo varias veces en Villena y en Almansa cuando era un muchacho.

—La abuela de José Fernando fue asistenta del padre de la abuelita Ana, en Villena. Eso sí que lo sé. Me lo ha dicho mi madre. Usted dice que no robó nada y sí que robó. Le quitó un gatito de peluche muy antiguo que tenía mi abuelita encima de su cómoda, en el dormitorio. Y también fotografías y cartas que tenía en una cajita.

—¿Está segura? Eso no ha venido en el artículo.

La chica se encogió de hombros y balanceó los restos de la manzana como si fuera un péndulo.

—Mi padre y mi madre fueron con la policía a la casa y lo registraron todo. Fue mi madre quien descubrió que faltaba el gatito de peluche y la caja con las fotografías... Mi madre es muy observadora, ella fue la que se dio cuenta de que había sido violada, ¿no? Porque el médico que llegó cuando la vieron muerta sobre la cama dijo que había tenido un fallo en el corazón, de vieja. Pero fue mi madre, al desnudarla para lavarla y ponerle la ropa de difunta, la que se dio cuenta de que tenía sangre allí, en... bueno en sus partes. ¿Me comprende?

—Sí, entiendo.

—Cogieron a José Fernando gracias a mi madre. Al principio el médico no le hacía caso, pero luego fue mi padre a hablar con el doctor Barceló, que es amigo suyo y le hicieron la autopsia. La habían violado y le habían roto el cuello, fíjese. Y el forense sin enterarse. Para que se fíe usted de los forenses. Si no llega a ser por mi madre, José Fernando sigue violando viejecitas. ¿Oiga, no cree que es una manía rara eso de violar viejas? Ese hombre debe de estar como un cencerro. He visto su foto en los periódicos y no está mal. No es que sea guapo, pero vaya.

—¿No sabe usted nada de esas fotos que parece que se llevó?

Negó con la cabeza.

—No, fotos de la abuelita... Tenía muchas.

—¿Fotos de Villena?

—Puede ser, antes teníamos una casa en Villena, del abuelo de mamá, el padre de la abuelita Ana. Pero ya no. Parece que era un palacete muy grande, lleno de habitaciones. Y lo vendieron por nada. Dice mi madre que ahora esa casa valdría una millonada.

—Quisiera preguntarle otra cosa. ¿Recuerda usted en casa de su abuela alguna foto que representara a Santa Lucía? ¿Sabe a quién me refiero? Esa santa que se ha arrancado los ojos.

La chica se echó a reír.

—¿Santa Lucía? Claro que sí. Toda mi familia es muy devota de ella; yo me llamo Lucía por eso. Me puso el nombre mi abuelita Ana. Todo eso ha salido en los periódicos, me hicieron una entrevista y también lo he dicho en la radio... ¿Es que usted no lee los periódicos?

—Bueno, no mucho, es que no quiero dejarme influenciar, ¿comprende? Quiero hacer mi libro sin influencias de ningún tipo.

—Pues yo tengo un tocho así de recortes de prensa... Todos los periódicos, las revistas... la tele, bueno... todos hablan de José Fernando. Fíjese, desde mayo hasta agosto mató y violó a dieciséis viejecitas. Yo soy la que más sabe del tema y en la academia todos me preguntan.

La puerta se abrió y entró una mujer de unos cincuenta años, bajita y entrada en carnes. Llevaba dos enormes bolsas por las que asomaban paquetes. La mujer se quedó inmóvil y una sombra de alarma pasó por sus ojos.

—Es un periodista, mamá —dijo Lucía—. Me está haciendo una entrevista.

La mujer dejó las bolsas en el suelo y resopló.

—¿Por qué no le has dicho que pase al saloncito? Desde luego, niña... eres de lo que no hay... Anda, ve y apaga la olla —se dirigió a Julio—. ¿De qué medio es usted?

Lucía cogió las bolsas y salió del vestíbulo, y la mujer intentó arreglarse el cabello, recogido atrás en un moño.

—¡Es un escritor! —gritó Lucía y desapareció tras la puerta.

—¿Escritor? —preguntó la mujer.

—Intento escribir un libro sobre el asesino, señora —respondió Julio—. No quiero molestarla demasiado, pero si me aclarara algunas cosas que necesito saber, se lo agradecería mucho. He leído la entrevista que le ha hecho ese periodista en *Cambio 16*.

—Bueno, pase usted un momento al saloncito.

La mujer le hizo un gesto a Julio, encaminándolo a la habitación adyacente. Ella abrió la marcha sin dejar de arreglarse el cabello.

El saloncito era minúsculo, casi como el vestíbulo, y atestado de muebles también oscuros y sombríos. Un sofá blanco ocupaba de lado a lado una de las paredes, frente a un mueble librería cubierto por cachivaches y unos cuantos libros. Una mesita flanqueaba dos sillones también tapizados de blanco.

En uno de los rincones había una especie de hornacina con una imagen de Santa Lucía. La santa ofrendaba sus ojos recién arrancados y elevaba el rostro en una actitud de entrega casi amorosa.

La mujer se sentó en el sofá y Julio lo hizo en uno de los sillones.

—Está todo desordenadísimo. Tendrá que disculparme. ¿Entonces no es usted periodista?

—Pues no, señora. Ya le digo, intento hacer un libro sobre el asesino.

—¿Y qué quiere usted saber? Ya ha salido todo en los periódicos. Ese canalla le estaba arreglando a mi madre la instalación del cuarto de baño, la íbamos a cambiar por completo. Mi marido decía que así no podía seguir mi madre. Una casa tan antigua... ¿comprende? En mal hora fue ese monstruo. La... la destrozó, ¿sabe? Y fui yo quien se dio cuenta... ¡Dios mío lo que pasé! Tenía... bueno, tenía sus partes destrozaditas, todas las bragas llenas de sangre... Y el forense que diagnostica muerte natural, claro, una señora tan mayor, con el corazón tan delicado... Pues eso, ni se fijó en el cuello roto, ni la desnudó, ni nada, para hacer el diagnóstico. Si no llega a ser por mí que la quise lavar y vestir para que fuera al cielo bien limpita y aseada, pues no se descubre nada... El canalla ese tan pimpante por ahí. ¡Ojalá lo cuelguen y le saquen los ojos! Gente así no tiene derecho a la vida...

—Quería saber algo que me tiene...

—... y luego lo que pasó mi marido para que los médicos le hicieran caso... un calvario, fíjese lo que le digo, un calvario. Y es lo que yo digo, no hay derecho a eso. Es nuestra madre y tenemos derecho a que la diagnostiquen otra vez... Menos mal que...

—Hay un tema que me obsesiona y...

—... mi marido tiene amistades, el doctor Barceló, un eminente cirujano, que si no... ¿Qué decía usted?

—Quería preguntarle si recuerda una criada llamada Águeda Muñoz, que estuvo en la casa de sus parientes en Villena.

—¡Uy, me acuerdo muy poco! La casa era de los abuelos. Nosotros íbamos a pasar temporadas, vivíamos en Madrid. Pero sí que me acuerdo de Águeda, claro.

—¿Su primo Fernando, tuvo amistad con la familia de José Fernando?

—Bueno, ya lo dije en la entrevista. A ese loco psicópata, porque ése es un loco, a mí usted no me diga, se le metió en la cabeza que era pariente nuestro, vamos... Mi marido lo tuvo que echar de casa.

—Decía que era hijo del primo Fernando, ¿verdad?

—Una locura... un desvarío. Y un insulto muy grande a Águeda, una madre de familia trabajadora como nadie. Lo que tiene que estar sufriendo esa mujer con un hijo así.

—¿A qué Águeda se refiere, a la abuela o a la hija?

—La hija, la madre de José Fernando. También estuvo en la casa de los abuelos. Era una niña, yo he jugado con ella... Mire, no hay que hacer caso de ese desvarío de José Fernando... Y todo, porque después fue una vez a Santander, cuando Águeda ya estaba casada y con hijos, a que lo sanase, ¿sabe? El primo Fernando estaba muy mal de los ojos. Bueno, creo que sigue malo. No nos hablamos con él.

—¿Su madre era «Hermana de la luz»?

—Y yo también... bueno, yo menos —señaló la

imagen de Santa Lucía—. Aquí somos muy devotos de esa santa. La patrona de los ciegos.

—Y la patrona de las «Hermanas de la luz», ¿verdad?

—Sí, pero no crea usted nada raro. No es una secta, como la gente cree. Somos... bueno, es una especie de cofradía, devota de Santa Lucía, muy antigua, ¿sabe? Se remonta a la Edad Media, o antes.

El rostro de la mujer sufrió una transformación. Se llevó la mano a la boca y se frotó los labios con fuerza.

Continuó:

—Nos reunimos en Villena una vez al año y hacemos una fiesta, ceremonias... todo muy antiguo, hay disfraces... En realidad, mi madre era la «Hermana de la luz», y muy buena. Nos curaba a todos en esta casa.

—La madre y la abuela de José Fernando también eran «Hermanas de la luz», ¿verdad?

—Sí, claro... y José Fernando. Él también es «Cofrade de la luz». Y me habían dicho que sanaba bastante bien, sabe. Era muy bueno imponiendo manos. Me parece que de muy pequeño lo hicieron «Gran Unicornio», ¿entiende? Una costumbre antigua. Lo disfrazan con cuernos de cabra y tiene que bailar. Es una fiesta muy bonita. Todos los años nombramos a uno diferente.

25

La fila de mujeres que llevaban paquetes daba la vuelta a la prisión. Las había de todas clases, viejas, jóvenes, gordas, flacas, mal vestidas y hasta elegantes.

Se veían pocos hombres y muchos niños de pecho y otros que correteaban por los alrededores armando ruido, ajenos a los altos muros pardos erizados de garitas y alambradas. Aquello tenía algo de verbena, de fiesta popular. Era el día señalado para las visitas a los presos.

Había dos mundos, se percató Julio. Cada uno con sus leyes y sus códigos y los altos muros marcaban la diferencia. La Guardia Civil patrullaba dentro y fuera del primer rastrillo, la frontera de esos mundos tan diferentes. Desde el coche, la mole de la prisión parecía aún más siniestra.

Julio sabía que desde el amanecer ya se habían formado los primeros lugares en la larga fila. Gente que acudía desde muy lejos para ver a sus hijos, sus hermanos, novios y maridos.

Siempre eran mujeres. Jóvenes o viejas, daba lo mismo. Mujeres que establecían los lazos mínimos con el mundo exterior.

Llevaba allí, en el coche, unas horas fumando cigarrillo tras cigarrillo, sin atreverse a traspasar el portón.

Tenía un pase especial, expedido por la Dirección General de Instituciones Penitenciarias, que dejaba a criterio del director del Centro la frecuencia de sus visitas y la duración de las mismas. Él no tenía que guardar cola como las otras mujeres y los escasos hombres y muchachos que se apiñaban unos detrás de otros.

Desde el principio había establecido una rutina con los funcionarios. Dos visitas a la semana, antes del desayuno y después del primer recuento, cuando Fernando hacía su gimnasia diaria. El límite de tiempo se había fijado en dos horas.

En realidad, cada visita ocupaba una cinta de noventa minutos. En su casa, sobre la pesada mesa que había sido la vieja mesa donde había comido todos los domingos de su infancia y que se había convertido ahora en escritorio, tenía las once cintas que correspondían al mes y medio escaso de su relación con Fernando. De la semana anterior sólo tenía una cinta y de ésta, ninguna.

Julio bajó del coche y atravesó la fila. Se dirigió resueltamente a la puerta pequeña, por donde pasaban los funcionarios. Mostró su pase y se encaminó al primer rastrillo.

Tras aquella puerta comenzaba el rumor sordo, monocorde y metálico de la prisión.

Don Ezequiel, el jefe de Servicios, llevaba una carpeta azul por donde asomaban papeles. Él aún tenía su pase y nadie se había enterado de que Fernando lo había despedido.

—¡Buenos días! —saludó el jefe de Servicios.

Julio le devolvió el saludo.

Siempre hablaban de cosas intrascendentes mientras esperaban a que acudiera Lucas, que lo conduciría a la zona de Enfermería, donde encerraban a Fernando. Pero aquel día no hablaron de nada.

Además de don Ezequiel se encontraban en el despacho otros dos funcionarios que tomaban café en vasitos de plástico.

Después de registrarlo, cumpliendo las normas, Julio intentó bromear con ellos, pero parecía evidente que nadie quería nada con él. Siguieron a lo suyo, ignorándolo.

Lucas le puso la mano en el hombro.

—¿Señor Julio?

—¿Qué tal, Lucas?

—Muy bien, señor Julio. ¿Viene usted a hablar con Fernando?

—No, no me interesa Fernando.

—Está con su abogado y con su padre. Se lo llevan en conducción a Alcalá-Meco. Un establecimiento de alta seguridad, ¿sabe?

—¿Su padre?

—Sí, un señor alto, con gafas oscuras. Muy elegante.

—Así que por fin apareció el padre de Fernando... De todas formas no he venido a verle a él. He venido a despedirme de vosotros. Quisiera darte las gracias por lo que has hecho por mí, por todo lo que has aguantado.

—No tiene importancia, señor Julio. A su disposición. ¡Ah, por cierto! Fernando se ha dejado una carta, ¿la quiere usted? A lo mejor le sirve para el libro.

Lucas le tendió un sobre abierto, sin destinatario. Julio abrió el sobre y leyó:

Estimado editor:

Me llamo José Fernando Ruiz Muñoz, natural de la provincia de Cantabria-Santander.

Soy el chico, del famoso caso en todo Europa, de

las dieciséis muertes de las ancianas de Santander, cuyo caso supongo que usted habrá escuchado y visto por la T.V., prensa, y radio.

La presente es, para informarle a usted, de que he escrito el libro Autobiografía *en el año 1989, se trata, de la primera parte, bajo el título: «No soy ni sombra de lo que era.»*

Lo tengo encuadernado el de manuscrito y a máquina desde hace ya dos años. Dicho libro salió anunciado, el lunes día 16 de diciembre de 1991, en la revista Cambio 16, *cuya portada, vengo yo retratado, al igual que en el interior de la revista con más fotografías y unas cuantas hojas de mi libro publicadas y la portada del libro, que por cierto, ese día se vendió muchísima revista al ser anunciado mi libro, también salió en los informativos de las televisiones, radio y prensa.*

Este libro, lo tengo en la calle, en poder de mi abogado guardado.

Tengo el placer, de dirigirme a su editorial, para ofrecerle mi libro por si le interesa publicarlo en su editorial, etc.

También le informo que el día 18 de junio de 1991 he empezado a escribir la segunda parte, el cual, llevo escrito ya seiscientas veintisiete páginas, y sigo, por lo que en su día le haría la entrega de éste segundo libro, que sigue de la primera parte para que lo publiquen ustedes también en caso de que les interese naturalmente.

*Hace quince días, he terminado otro libro, que empecé el día 19 de marzo de 1991, pero este libro es de «Poemas» bajo el título «*Ángeles cariñosos*» de doscientas páginas y unas trescientas y pico poesías muy conmovedoras y reales.*

*Sr. editor, en caso de que mi libro «*Autobiografía*» y el libro de «Poemas», les interese para su publi-*

cación, les haría la entrega de estos dos libros, para que les publicase los dos a la vez.

Y ya sin más por la presente, reciba mi mejor cordial saludo, atentamente.

JOSÉ FERNANDO RUIZ MUÑOZ

—Gracias, Lucas. Me servirá, ya lo creo. Ahora me gustaría ver a Baldomero. No lo voy a entretener mucho. Sólo quiero despedirme de él.

—¿Baldomero?

—Sí, serán cinco minutos nada más.

—Baldomero se ahorcó ayer, señor Julio. Se colgó de los barrotes con una sábana.

Nerja (Málaga), verano de 1992